REINHARD MOHR

Bin ich jetzt reaktionär?

Bekenntnisse eines Altlinken

Gütersloher Verlagshaus

Bibliografische Information der Deutschen Nationalbibliothek

Die Deutsche Nationalbibliothek verzeichnet diese Publikation
in der Deutschen Nationalbibliografie; detaillierte bibliografische
Daten sind im Internet über https://portal.dnb.de abrufbar.

Verlagsgruppe Random House FSC® N001967
Das für dieses Buch verwendete FSC®-zertifizierte
Papier *Munken Premium Cream* liefert
Arctic Paper Munkedals AB, Schweden.

1. Auflage
Copyright © 2013 by Gütersloher Verlagshaus, Gütersloh,
in der Verlagsgruppe Random House GmbH, München

Dieses Werk einschließlich aller seiner Teile ist urheberrechtlich geschützt.
Jede Verwertung außerhalb der engen Grenzen des Urheberrechtsgesetzes ist
ohne Zustimmung des Verlages unzulässig und strafbar. Das gilt insbesondere
für Vervielfältigungen, Übersetzungen, Mikroverfilmungen und die Einspeicherung und Verarbeitung in elektronischen Systemen.

Coverfoto: Creativ Studio Heinemann / Westend 61 / Corbis
Druck und Einband: CPI – Ebner & Spiegel, Ulm
Printed in Germany
ISBN 978-3-579-06638-7

www.gtvh.de

Inhalt

Vorwort 7

1. Kapitel
   Mein progressiver Alltag 11

2. Kapitel
   Süße Vergangenheit 44

3. Kapitel
   Abgründe der Politik 78

4. Kapitel
   Verrückte Welt 116

5. Kapitel
   Lockruf der Natur 151

Nachwort 183

»Unser Kopf ist rund, damit das Denken die Richtung wechseln kann.«
Francis Picabia

Vorwort

Ein sommerlicher Samstagnachmittag in der Berliner Friedrichstraße. Die Sonne glüht, während ein Bataillon orangefarbener Fahrzeuge der Stadtreinigung BSR – Slogan: »We kehr for you« – den müllübersäten Asphalt mit schwerem Gerät räumt. Dichte Staubwolken, umherwirbelnde Dreckhaufen, ein Meer aus zerborstenen Bierflaschen – ein übelriechendes, klirrendes Inferno. Eigentlich müssten Gesichtsschutz und Atemmasken ausgegeben werden. Die Passanten kämpfen sich irgendwie durch, und aus reiner Neugier stellt man sich die Frage: Was war hier eigentlich los? Ein Straßenfest der *Hells Angels*? Eine Restmüll-Performance von *Foodwatch*? Ein aus dem Ruder gelaufener *Cuba-si!* – Aufmarsch der Linken?

Die Antwort kommt von einem uniformierten Vertreter der Sicherheitskräfte. Vorwurfsvoll, beinahe verächtlich angesichts meiner peinlichen Unbildung stößt der Mann hervor: »Det war die *Fuckparade*! Det kennse nich??!!«

Ich schämte mich. Und dann kam sie doch wieder, die Erinnerung an die jährlichen Umzüge von Punkern, Anarchos und anderen Freizeit-Revolutionären unter dem bierseligen Motto »Fuck off Deutschland! Fuck you all!«.

Auf dem Weg nach Hause kroch dann der Gedanke in mir hoch: Wer zahlt eigentlich die Reinigungskosten für diese ausufernde Privatparty? Der Fuck-off-Staat? Die Steuerzahler? Der Euro-Rettungsschirm ESM?

Und da, ganz plötzlich, schoss mir ein zweiter böser Gedanke durch den Kopf:

Hilfe, ich werde reaktionär!

Wie kann ich auch nur eine Sekunde auf die Idee kommen, dass die fortschrittlichen jungen Menschen nach der erfolgreichen Ausübung ihres Grundrechts auf Meinungs- und Demonstrationsfreiheit einen Beitrag zur Beseitigung ihres eigenen Drecks leisten sollten?! Geht's noch?!

Ausgerechnet ich, der vor Jahren noch selbst auf unzähligen Demonstrationen war! Und ganz ehrlich: Auch wir hatten damals keine Besen dabei. Liegt der Unterschied also nur darin, dass wir die Bierflasche erst nach der Straßenschlacht aufmachten und nicht, wie heute üblich, schon davor?

Kurz: Bin ich einfach nur ein alter Sack, der der Jugend ihren Spaß nicht gönnt?

Aber es kommt noch dicker. »Wem gehören die Hunde hier?«, schrie ich jüngst am Lietzensee, und blitzschnell wurde mir gewahr: Ich klang wie mein Vater vor vierzig Jahren – Bewunderer von Franz Josef Strauß. Gewiss, die Kampfköter waren nicht angeleint, während in der Nähe Kinder herumliefen. Aber ich hätte trotzdem toleranter sein können im Sinne des Berliner Landrechts: Mir doch egal, sind ja nicht meine Kinder! Lass sie machen.

Das Erschreckendste dabei: Meine autoritären Tendenzen weiten sich ständig aus.

Ich empfinde Graffiti an Hauswänden und S-Bahn-Wagen nicht mehr durchgängig als Kunst, verteidige die Schulmedizin gegen Globuli und anderen Esoterik-Nippes, schätze freundliche Umgangsformen und bitte schon mal den Nachbarn, das Radio leiser zu stellen. Als überzeugter Europäer bin ich ein Euro-Skeptiker geworden, der Griechenland und Portugal, Spanien und Italien nicht *nur* für Opfer exzessiver Finanzmärkte hält, und finde die konsequente Verfolgung von

Neonazis durch die Polizei wichtiger als Lichterketten und Mahnwachen.

Immer öfter ertappe ich mich dabei, dass ich über grammatikalische oder orthografische Fehler auch in seriösen Medien den weißgrauen Kopf schüttele. Von Anfang an hat mich die allgemeine Begeisterung über die *Piraten-Partei* und den »frischen Wind« verwundert, den die putzigen Kerlchen mit angewachsenem Laptop angeblich in die Politik gebracht haben sollen. Ich rieche eher den Muff spätpubertierender Jungmänner, die es noch schwer haben werden, ihre postinfantile Internet-Fixierung abzulegen.

Am unheimlichsten aber ist die Wahrheit: Ich bin gar nicht reaktionär. Es ist die irre Wirklichkeit, die mich auf all die merkwürdigen Gedanken bringt.

Was aber bedeutet das? Bin ich vielleicht doch nach rechts abgedriftet? Oder die Gesellschaft nach links? Liegt es am Alter? Andererseits: Keine der Errungenschaften unserer liberalen Gesellschaft möchte ich missen. Freiheit ist mir immer noch das Wichtigste. Gerade meine Generation der *78er*, jener Post-Achtundsechziger, die in den wilden siebziger Jahren groß wurden, hat gegen verkrustete autoritäre Verhältnisse revoltiert. Bin ich also Opfer meiner eigenen Vergangenheit geworden?

Aber wie kommt es, dass es auch vielen anderen aus meiner Generation so geht? Gewiss, der Linksradikalismus der 70er Jahre ist schon lange erledigt. Doch jetzt geht es darum, auch die Wärmestube der grün-alternativen Heimat zu verlassen, an der so viele Jahre lang das Herz hing. Das zeigt sich nicht nur an der Wahlurne, sondern im alltäglichen Leben. Immer häufiger findet man sich in der Nähe von Positionen, die man einst erbittert bekämpft, ja, verachtet hat.

Und noch einmal: Ist hier feige Anpassung ans böse System am Werk oder gibt es tatsächlich neue Einsichten und Argumente? Denn natürlich hat sich die Gesellschaft – wie die Welt – weitergedreht, nicht zuletzt durch die Generation der Revolte, auch wenn die Generation Facebook das gar nicht weiß.

Kurzum, es geht um den immer wieder neuen Blick auf das, was wir »Wirklichkeit« nennen. Ein sehr persönliches Plädoyer für das – manchmal schmerzhafte – Selberdenken. Für ein Leben, das sich von der Realität immer wieder irritieren lässt.

Berlin, im März 2013

1. Kapitel

Mein progressiver Alltag
oder
Ordnung muss sein

Die ersten Symptome entwickelten sich schleichend. Am Anfang waren es nur Kleinigkeiten. Immer öfter störten mich Leute am Nachbartisch, ob im Café, im Restaurant oder auf der Bank vor der Berghütte. Entweder redeten sie zu laut, hatten eine unangenehme Stimme oder sahen so grandios unsympathisch aus, dass ich wie gebannt immer wieder hinschauen musste. Ein Paradebeispiel war jener ergraute Zopfhansel beim Italiener, der in größerer Runde ausschweifend und gut hörbar dozierte. Es ging um Gott und die Welt, und er erklärte alles, wirklich alles. Er war schon über fünfzig und hatte seinen kleinen gesellschaftskritischen Haar-Rest aus den frühen achtziger Jahren mit einem dünnen Gummibändchen festgezurrt.

Zwischen zwei Gabeln Spaghetti Vongole fragte ich mich, ob er nachts den haarigen Mini-Strunk löst und morgens wenigstens das Gummibändchen wechselt. Das kleine Gesamtkunstwerk aus Zopfzausel und fortschrittlichem Weltethos brachte mich jedenfalls eigentümlich in Rage, und schon nach dem nächsten Schluck Weißwein schoss mir der böse Gedanke durch den Kopf, eine Schere zu besorgen, um dem kleinen Wichtigtuer das revolutionäre Schwänzchen abzuschneiden.

Einfach so, ganz spontan, in einer Art spätanarchistischer Aufwallung. Meine Freundin, eine Anwältin, machte mich vorsorglich auf die juristischen Folgen dieser illegalen und nicht einmal religiös begründbaren Beschneidung aufmerksam, und so ließ ich ab. Aber was war los mit mir, was ging in mir vor? Diese völlig überzogene emotionale Reaktion, diese Aggressivität gegenüber einem Zeitgenossen, der sich nichts hat zuschulden kommen lassen, außer mir auf die Nerven zu gehen?

Sah ich in ihm etwa ein Spiegelbild meiner eigenen Vergangenheit? Musste ich meine eigene Pferdemähne aus den siebziger Jahren gleichsam retrospektiv bestrafen? Andererseits: Das war nun lange her, und wer mit fünfzig immer noch mit einem pseudorebellischen Alibizöpfchen herumläuft, hat sich zumindest die ästhetische Verachtung redlich verdient. Aber dennoch: Woher mein Furor? Sollte es da plötzlich eine neue Denkweise geben, die nur noch gelten lässt, was sie selbst hier und heute richtig und vernünftig findet? Einen Absolutheitsanspruch auf die Wahrheit, aufs »richtige« Leben, am besten noch: Anstand, Sitte und Moral? Damit wären wir ja wieder in den fünfziger oder frühen sechziger Jahren, als die Väter ihren Töchtern Minirock und Jeans verboten und die Söhne anhielten, regelmäßig den Seitenscheitel nachzuziehen. Selbst Friedrich der Große, erwiesenermaßen kein 68er, hatte zuzeiten davon gesprochen, dass jeder »nach seiner Fasson selig« werden solle. Wo bleibt also meine Toleranz?

Genau da steckt das Problem. Ja, ich gebe es zu: Ich werde immer intoleranter. Nicht aus Prinzip, nicht aus Böswilligkeit oder Misanthropie, sondern unwillkürlich, im konkreten Fall, eher lebensweltlich und empirisch inspiriert als ideologisch oder philosophisch. So erschien mir der Zopfhansel intuitiv als unangenehmer Spießer von links, jemand, der die einmal gefasste Lebenseinstellung praktisch unverändert über die Jahrzehnte rettet. Obwohl er selbst immer wieder vom großen Wandel schwadroniert, verharrt er in einem erzkonservativen Zirkel des Ewiggleichen, in einem Rondell erstarrter Gewissheiten, die so unumstößlich sind wie Omas Kochrezept für Königsberger Klopse.

Ich habe ihm nichts getan, nicht einmal das Wort an ihn gerichtet. Man will ja nicht den schönen Abend verderben. Im Grunde war mein Wunsch des Zopfabschneidens eine organische Metapher, hilfloses Sinnbild für meine Wut über dieses penetrante, irgendwie verschwiemelt-klebrige Beharrungsvermögen, das sich gegen alle Einwände und Neuerungen abgeschottet hat. Kurz: Ich wollte den Mann zur Ordnung rufen, ihn von seinem Irrweg abbringen und auf den rechten, nein, richtigen Pfad der Tugend bringen. »Wach auf!«, hätte ich ihm zurufen wollen. »Und fass mit deinen verschwitzten Patschhändchen das Weinglas wenigstens am Stängel an.«

Und das ist es. Immer öfter will ich andere zur Räson bringen. Das autoritäre, zugleich belehrend-erzieherische Element wird stärker: Der Hausmeister in mir, ein offenbar lange verdrängtes Alter Ego, rührt sich deutlich häufiger. Anders als der Schalterbeamte, den Kurt Tucholsky zur Charakterisierung der deutschen Seele gern auftreten ließ, ist der Hausmeister immerhin ein gesellschaftlicher Aktivposten, im besten Fall ein Organisator sozialer Ordnung. Er wacht über die Einhaltung von Regeln und leert die Papierkörbe, meldet Schmierereien an den Direx und brüllt schon mal durch die Gegend, wenn im Pausenhof Fußball gespielt wird. Deshalb haben wir ihn gehasst. Matthias Beltz hat ihm, mit schmuddelig-grauem Arbeitskittel, schwarzer Augenklappe, Schlüsselbund und schwerem Eisenhandschuh – alte Kriegsverletzung –, ein satirisches Denkmal gesetzt. Klar, der Hausmeister war der Reaktionär von nebenan, der Klartext sprach und *HB* rauchte.

Bis vor einigen Jahren hat sich an dieser Sicht bei mir auch nicht viel geändert. Doch dann bemerkte ich, dass ich immer häufiger in Situationen eingriff, die mich streng genommen nichts angingen. Eine innere Stimme schien mir zu sagen: Wenn du es nicht machst, macht es niemand. Also tu es. Und so mischte ich mich ein. Ob bei endlos auf dem Mittelstreifen der Autobahn dahinzuckelnden Schnarchfahrern, haltlos herumschlingernden Rostradlern, die mit quietschender Kette und scheppernden Schutzblech noch Hunderte Meter weit zu hören sind, oder Fußgängern, mit und ohne iOhrstöpsel, die sich beim Überqueren selbst größerer Straßen auch bei *Smoke on the Water* allein auf ihr Gehör verlassen – mein Hang zur autoritären Spontanintervention nahm bedenkliche Ausmaße an.

Genügte im einen Fall der demonstrativ überscharfe Wechsel auf die rechte Spur, so musste es im anderen Fall schon ein Ausruf wie »Haben Sie es mal mit Öl probiert?« sein. Leider war die ebenso spontane Antwort »Zisch ab, alter Sack!« keine wirkliche Bestärkung meiner sozialpädagogischen Bemühungen. »Echt nicht hilfreich«, hätte Angela Merkel gebrummelt.

Am einfachsten war es noch bei den esoterisch angehauchten Feng-Shui-Fußgängern, die sich auch mitten auf der Straße, frei nach Margot Käßmann, in Gottes Hand fühlen. Dass sie dennoch sehr tief fallen können, kommt ihnen nicht in den Sinn. Um diesem modernen Aberglauben, immer und überall von einer höheren Instanz geschützt zu werden, einen Schuss Realitätssinn zu verpassen, hat der radelnde Ordnungshüter in mir mehrere Handlungsoptionen entwickelt:

1. Scharfes, zentimeterdichtes Vorbeifahren ohne akustisches Warnsignal.
2. Kurz vorher laut klingeln.
3. Mündliche Zusatzinformationen, teils mehrsprachig, wie »Attention, Atención, Attenzione! Vorsicht an der Bordsteinkante! Wacht auf, Verdammte dieser Erde!«

Die meist völlig überraschten Zeitgenossen, die sich im Geiste überall wähnen, nur nicht auf einer ordinären Straße, reagieren überwiegend so, als wären sie in einen Hinterhalt der Taliban geraten. Ob die Schreckmomente zumindest mittelfristig einen erzieherischen Wert haben, ist nicht zu überprüfen. Skepsis ist angebracht.

Doch auch im unmittelbaren Nahbereich setzt mein autoritäres Verhalten neue Maßstäbe. Wenn der liebe Nachbar wieder einmal überdimensionale Verpackungen so lange neben der blauen Papiertonne liegen lässt, bis der Regen sie komplett aufgeweicht und zu einer Art Beuys'schem Fettkubus vermanscht hat, greife ich zuweilen zur Selbsthilfe und reduziere den Rest auf die tonnenkompatible Größe, gern mit offensiven Arbeitsgeräuschen, die im Hinterhof unüberhörbar sind. Man gönnt sich ja sonst keine Freude.

Dass der Hausmeister in mir noch nicht vollends ausgereift ist, zeigt sich allerdings daran, dass ich die Strategie schriftlicher Ermahnungen an die Hausgemeinschaft nach einem allerersten Versuch vorerst nicht mehr weiter verfolge. Auf den Zettel mit dem in Blockschrift formulierten Hinweis, dass die Müllabfuhr keine Großverpackungen außerhalb der Tonne mitnimmt, reagierte ein Nachbar mit einem anonym gekritzelten Rückgriff auf die Abgründe deutscher Geschichte: »Blockwart und ABV hatten wir schon mal!«, wobei ABV für den »Abschnittsbevollmächtigten« in der DDR steht. Bevor ich den Satz »Es war nicht alles schlecht …« auch nur denken konnte, schämte ich mich ein wenig. War es nun schon so weit gekommen, dass ich, ein Ex-Anarchist und Alt-Revoluzzer, in die Ecke von Nazi-Schergen und Stasi-Spitzeln gerückt wurde?

Doch man sieht, wie schnell die Reflexe greifen. Wer auf die Einhaltung von Regeln und Mindeststandards des Zusammenlebens pocht, muss sich erst mal selbst moralisch rechtfertigen. Wer sie bricht, darf in weiten Teilen unseres Alltagslebens mit einer Mischung aus achselzuckendem Verständnis und einer an Gleichgültigkeit grenzenden Toleranz rechnen.

Klassischer Ort dieser moralphilosophischen Schub-Umkehr sind öffentliche Verkehrsmittel. Wer hier gegen jedwede Art von Belästigung – vom überlauten Handygespräch über ohrenbetäubende Klarinettensolos bis zur körperlichen Attacke – in alter Väter Sitte »einschreiten« will, muss zunächst die Schwelle vom sicheren Beobachterstatus zum aktiven Subjekt überwinden. Er macht sich als Individuum kenntlich und damit angreifbar, und sei es nur die Peinlichkeit, in einem sonst von Schweigsamkeit erfüllten U-Bahn-Wagen das Wort zu erheben.

Viel lieber verharrt man in der anonymen Masse, die im Zweifel nichts sieht und nichts hört. Wer etwa mit einer klaren Ansage im S-Bahn-Waggon zwei 14-jährige Mädchen gegen eine Handvoll deutschtürkischer Jungs in Schutz nimmt, muss mit der reflexhaften Replik »Nazi!« rechnen. Eine Petitesse allerdings gegen die Reaktion anderer Jugendlicher mit »Migrationshintergrund«, denen ein 76-jähriger Rentner das Rauchverbot in der Münchner U-Bahn kommunikativ nahebringen wollte: Sie schlugen ihn halbtot.

Selbst diese sinnlose Brutalität änderte für den Feuilletonchef der ZEIT, Jens Jessen, nichts daran, dass der Hauptfeind der Gesellschaft das deutsche Spießertum bleibt. Denn der »deutsche Spießer«, offenbar eine weltweit einzigartige Spezies, zeige »überall sein fürchterliches Gesicht«. So gebe es viel »zu viele besserwisserische Rentner«, die »den Ausländern hier das Leben zur Hölle machen«. Selbst das Rauchen wird auf diese Weise zur revolutionären Widerstandshandlung gegen den senilen Ordnungsfaschismus.

Da ist er also wieder, der post-nazistische Blockwart unseligen Angedenkens, der systematisch die Waggons durchkämmt, um seinen analfixierten faschistoiden Trieb zu befriedigen: Er will nichts anderes, als Vertreter sozialer, ethnischer und politischer Minderheiten zu drangsalieren. Dieser gesamtideelle Hausmeister der repressiven Gesellschaft schreit geradezu danach, als reaktionärer Un-Held eines Lehrstücks in Brecht'scher Tradition für alle Zeiten bloßgestellt zu werden.

Und schon ist man mittendrin in den siebziger Jahren des vergangenen Jahrhunderts, als das Schild »Rasen betreten verboten!« tatsächlich noch eine Hürde war, die bewusst genommen werden musste, und sei es für ein Protestcamp zur Befreiung »politischer Gefangener«. Inzwischen ist diese Schwelle längst auf die Höhe der jeweiligen Grasnarbe abgesenkt, also unsichtbar und aufgelöst. Selbst die Staatsmacht reagiert auf diese normative Kraft des Faktischen. Nachdem die von Blumenbeeten umrahmten Rasenstücke am Viktoria-Luise-Platz in Berlin-Schöneberg trotz aller Verbotsschilder von der Bevölkerung schon vor Jahren ganz selbstverständlich zur Liegewiese erklärt worden waren, entfernte das Bezirksamt schließlich die blechernen Zeugen einer anderen, autoritären Epoche.

Die pragmatische Entscheidung mag schlicht vernünftig gewesen sein. Doch sie ist eben auch ein doppeltes Symbol: für die Liberalität unserer Gesellschaft *und* ihre wachsende Schwierigkeit, überhaupt noch eine anerkannte Autorität auszubilden, die ihre demokratisch legitimierten Entscheidungen durchsetzen kann – im Kleinen wie im Großen, vom Grillverbot im Park bis zu komplizierten Bauprojekten.

Das war vor vierzig Jahren noch ganz anders. Damals erinnerten ältere Deutsche die junge Generation nicht vorrangig an das amtliche Rauchverbot in der U-Bahn – gepafft wurde sowieso überall, selbst in Werner Höfers *Internationalem Frühschoppen* –, sondern an Auschwitz. »Vergasen müsste man euch alle!«, riefen sie uns langhaarigen Demonstranten am Goetheplatz in Frankfurt am Main zu, die Aktentasche in der rechten Hand, den Scheitel wie mit dem Rasiermesser gezogen. Ein abgeschlossenes Gesamtkunstwerk aus der Adenauerzeit, das sich bis tief in die siebziger Jahre gehalten hat. Fast wie zu Wehrmachtszeiten aufgereiht standen sie da – Hüte hatten die Stahlhelme ersetzt –, während wir im geübten Chor unsere revolutionären Parolen gegen Polizei und Häuserspekulanten riefen. Sie verkörperten das Alte, Autoritäre, Gestrige, wir das Junge, Frische, Aufstrebende: ein klarer Frontverlauf, Freund und Feind sauber getrennt. Rebellion war erste Anarchistenpflicht, denn überall galt es, überkommene Strukturen aufzubrechen. Und das Schönste: Die Autoritäten waren nicht darauf vorbereitet. Sie verhielten sich steif und unflexibel, überheblich und selbstgewiss. Das wurde ihnen rasch zum Verhängnis.

Es fing mit ganz kleinen, heute lächerlich wirkenden Provokationen an, Augenblicke der spontanen Demaskierung einer fraglos herrschenden Autorität, die sich zur gleichen

Zeit auch im westlichen Nachbarland vollzog. Als der französische Minister für Jugend und Sport, François Missoffe, am 8. Januar 1968 in die Universität Paris-Nanterre kam, um ein Schwimmbad einzuweihen, entspann sich ein kurzer, aber historischer Wortwechsel mit dem damals noch ganz unbekannten 22-jährigen Soziologiestudenten Daniel Cohn-Bendit, der inzwischen als ein Auslöser der großen Revolte vom Mai 1968 gilt. »In Ihrem Weißbuch über die Jugend steht kein Wort über die sexuellen Probleme!«, rief Cohn-Bendit dem Minister im Getümmel zu. Missoffe antwortete schneidend: »Wenn Sie sexuelle Probleme haben — hinein ins Schwimmbecken!«

Nur auf den ersten Blick wirkt die Reaktion des gaullistischen Ministers schlagfertig. Tatsächlich fiel ihm keine sachliche Antwort auf Cohn-Bendits Frage ein. Auch auf dessen Forderung, die Trennung zwischen Wohnheimen für Studenten und Studentinnen aufzuheben, wollte er nicht wirklich antworten. Und das macht den Unterschied: Was heute eine Selbstverständlichkeit ist, barg 1968 sozialen Sprengstoff, der zum Aufstand führte. Im Jahre 2013 wäre ein deutscher Minister, der zur Lösung sexueller Probleme einen Sprung ins kalte Wasser empfiehlt, ein Fall für die *heute Show* im ZDF; die Satirezeitschrift *Titanic* würde ihn gemeinsam mit Rudolf Scharping und Gräfin Pilati auf ihrem Titel abbilden, und bei *Hart aber fair* – Thema der Sendung: »Geht unsere Jugend baden?« – stünde er im gnadenlosen Kreuzverhör von Claus Kleber, Daniela Katzenberger und Dr. Jürgen Todenhöfer.

Apropos Baden. Der Bademeister ist gleichsam die amphibische Variante des Hausmeisters, ausgestattet mit Schnauzer, Dienstkäppi, großen weißen Schlappen, Trillerpfeife und einem Ehrfurcht einflößenden Bauch. Aus mir bis heute unerfindlichen Gründen nannte man mich bereits kurz nach meinem Dienstantritt bei einem Hamburger Nachrichtenmagazin den »Bademeister«, obwohl ich dem Ideal dieses Berufsbilds gar nicht entspreche: Ich trage keinen Schnauzer. Egal.

Zum Abschied schenkte man mir Badekappe, Badematel und die obligatorische Trillerpfeife. Was sich vordergründig auf Äußerlichkeiten wie sommerliche T-Shirts bezog, mag aber auch einen tieferen Grund gehabt haben. Gewiss, mein Schreibtisch war meist aufgeräumt und meine Gesichtsfarbe trotz der Indoor-Tätigkeit deutlich weniger blass als die anderer Bürolurche. Doch irgendeine Vorahnung muss schon damals in der klimatisierten Luft gelegen haben, eine frühe Wahrnehmung meiner autoritären Tendenzen.

Hat mich womöglich, lange Zeit ganz unbewusst, ein frühes Erlebnis aus der Kindheit geprägt? Im kollektiven Gedächtnis unserer Familie jedenfalls nimmt ein Ereignis eine herausragende Stellung ein, das sich in den Sommerferien irgendwann Anfang der sechziger Jahre, also vor einem halben Jahrhundert, zugetragen haben muss. Wir lagen friedlich am herrlichen Thuner See im Berner Oberland, der Rasen so grün wie auf den nachkolorierten Ansichtskarten dieser Zeit, der See so blau wie der Himmel zwischen Eiger, Mönch und Jungfrau. Selbst unserem Vater, der keiner Konfrontation auswich, blieb da nichts anderes übrig, als friedlich im Gras zu liegen und den *Baedeker* über die Schweiz zu studieren.

Plötzlich kam eine Gruppe Jugendlicher mit dem damals unvermeidlichen »Kofferradio« daher, und aus war's mit der Ruhe. Mein Vater, der als Fähnrich der Kriegsmarine schon phylogenetisch eine gewisse Nähe zum Wesenskern des deutschen Bademeisters aufwies, schritt Minuten später zur Tat. In der Erinnerung verschwimmen die genauen Abläufe, aber ich glaube, es gab drei mehr oder weniger freundlich formulierte Aufforderungen, das Radio leiser zu stellen. Naturgemäß wurde ihnen nicht Folge geleistet, und so entschloss sich mein Vater, das Problem an der Quelle zu lösen. In einem Blitzkriegartigen Überraschungscoup brachte er das plärrende Gerät in seine Gewalt und warf es mit geübter Hand in hohem Bogen in den schönen, blauen Thuner See.

Die nach dem Plumpsgeräusch urplötzlich eintretende Stille verband sich mit der völligen Sprachlosigkeit der jungen Badegäste. Wie »Halbstarke«, so die einst populäre Bezeichnung für verhaltensauffällige Jungmänner mit überschießenden Leibeskräften, benahmen sie sich jedenfalls nicht. Leider habe ich an den späteren Hergang keinerlei Erinnerungen mehr, doch weitere Kampfhandlungen oder Racheaktionen (idealtypisch vorgeführt von Stan Laurel & Oliver Hardy) gab es wohl nicht, und auch juristisch blieb die flagrante Straftat durch einen ehemaligen Wehrmachtssoldaten auf dem Hoheitsgebiet der neutralen Schweiz gut fünfzehn Jahre nach dem Ende des Zweiten Weltkriegs ohne Konsequenzen.

Kann es also sein, dass diese frühe Erfahrung einer zwar rechtswidrigen, aber sehr erfolgreichen Ausübung unmittelbarer physischer Macht mich tief geprägt hat? Und das, obwohl ich jahrzehntelang gegen den autoritären Vater gekämpft habe – vom Streit am sonntäglichen Mittagstisch bis zur ausufernden Straßendemonstration. Könnte nicht eine besondere Ironie der Generationen-Geschichte auch darin liegen, dass die mehr oder weniger spontane Gewalttätigkeit, die in der linksradikalen Frankfurter Sponti-Szene als »revolutionäre Militanz« gefeiert wurde, in ihren psychologischen Motivationen gar nicht so weit entfernt war vom Furor unseres Vaters, der sich durch den Lärm eines Transistorradios in seiner persönlichen Freiheit – seinen Urlaub zu genießen –

beeinträchtigt sah? So oder so: eine Revolte der geknechteten Seele?

Als wir in den siebziger Jahren Steine in Bankenfenster warfen, Barrikaden bauten und Straßenbahnen blockierten – um die harmloseren Beispiele zu nennen –, nahmen wir uns ja gleichfalls das Recht heraus, selbst zu bestimmen, was legal war und was nicht. »Legal, illegal, scheißegal« lautete folgerichtig unser Motto, ein revolutionärer Schlachtruf, der in bestimmten Augenblicken ebenso gut aus dem Munde meines – was sonst – reaktionären Vaters hätte kommen können. Offensichtlich gibt es eine verborgene Dialektik zwischen autoritären und anti-autoritären Einstellungen, Berührungspunkte zwischen Freund und Feind. Nicht zufällig rief der erzkonservative Staatsrechtler Carl Schmitt, der Hitlers Machtübernahme bejubelt hatte, mehr als nur theoretisches Interesse bei radikalen Linken hervor.

Auch die Vorliebe vieler 68er für amerikanische und französisch-italienische Western-Filme ist kein Geheimnis. Rudi Dutschke liebte ganz besonders *Viva Maria* mit Brigitte Bardot und Jeanne Moreau, eine komödiantisch-freche Travestie des Genres, in der ungeheuer viel herumgeballert und weggesprengt wird – natürlich alles im Namen der mexikanischen Revolution. Doch auch *Django*, *Die glorreichen Sieben* und *Leichen pflastern seinen Weg* begeisterten die *SDS*-Männer in Frankfurt und Berlin, nachdem die Marx-Gruppe am Dienstag endlich Feierabend hatte. Dass einer der führenden Revoluzzer von 1968 selbst als »Django« bezeichnet wurde, wirft Licht auf die einschlägigen Macho-Attitüden. »Befreit die sozialistischen Eminenzen von ihren bürgerlichen Schwänzen!«, forderten denn auch die Genossinnen des Frankfurter *Weiberrats*. In die Tat umgesetzt wurde die auf einem Flugblatt drastisch dargestellte Operation (inklusive Hackebeilchen) dann aber doch nicht.

Nein, pazifistisch war damals kaum jemand gesinnt. »Frieden schaffen ohne Waffen« – so was war, Pardon, »bürgerliche Scheiße«, reaktionärer Mist, der vom Klassenkampf ablenkte und die »strukturelle Gewalt« des herrschenden Systems beschönigte. Kurz: heuchlerische Pfaffenmoral.

Zugleich war die Faszination unmittelbarer physischer Gewalt Teil einer politischen Gestik, die in vermeintlich radikaler Klarheit scharfe Grenzen zog zwischen »uns« und »denen«, zwischen rechts und links, oben und unten, zwischen richtig und falsch. Die Zauberformel lautete: Widerstand schafft Identität. Sag mir, wo du stehst, und ich zeige dir, wie du zur Front kommst.

Und heute? Immer öfter stehe ich auf der Seite von John Wayne. Zwar stand der alte Western-Haudegen nie im Verdacht, ein verkappter Prärie-Rebell aus Arizona zu sein, der für die Armen und Entrechteten eintritt, aber immer noch springt mein Herz, wenn ich sehe, dass *Red River* von Howard Hawks auf dem Fernsehprogramm steht. Wunderbar die Lakonie der Szene, in der sich John Wayne genötigt sieht, eine kleine Meinungsverschiedenheit über die Besitzverhältnisse im weiten Land am Red River mit einem Schuss aus seinem Colt zu lösen und den anderen beiden Halunken großzügig mitzuteilen, er werde ihren Anführer ordentlich beerdigen – wie es sich für einen Christenmenschen gehört. Das frisch gegossene Brandeisen glüht derweil im Gras vor sich hin.

Als leidenschaftlicher Anhänger des Rechtsstaats muss ich zugeben, dass John Wayne kein ungebrochenes Vorbild für die politische Erziehung junger Menschen sein kann. Dennoch träume ich zuweilen davon, Konflikte im Alltag auch einmal derart schnörkellos und ohne langwierige Abwägung von Rechtsgütern aus dem Weg zu räumen. Wie jüngst, als ein aggressiver Kampfradler unweit des Brandenburger Tors wie ein Artilleriegeschoss auf mich zuraste, um im letzten Moment knapp auszuweichen. Selbst mit meinem recht flinken Sportrad gab es keine Chance, ihn zu stellen. John Wayne freilich hätte den Irren mit einem gezielten Schuss in die rechte Wade noch aus mehreren hundert Metern Entfernung vom Stahlross geholt. Mir wäre auch eine anständige Prügelei recht gewesen, aber die Umstände waren nicht danach.

Der Rächer auf Rädern im Asphaltdschungel – in diesem Fall nur ein Phantombild. So bleiben mir nur hilflose Ersatzhandlungen. Mal ist es eine mit Wasser gefüllte Plastiktüte, die ich vom dritten Stock aus in Richtung der hochmobilen Trompeter- und Saxophonkolonnen werfe, mal ein alter Schuh oder eine leere Getränkedose. Gott sei Dank ist mein Über-Ich noch intakt, das mir strengstens untersagt, mit wirkungsvolleren Gegenständen auf die moderne Landplage der marodierenden Straßenmusikanten zu reagieren. Am Ende würde ich womöglich selbst noch vor dem Kadi landen – wegen Körperverletzung und Landfriedensbruch. Verkehrte Welt.

Denn es sind ja all die unseligen Bläser, Tröter, Schrammler und Klampfbrüder im Ungeist, die als akustische Kriegerbataillone durch unsere Städte ziehen, den Land- wie den Stadtfrieden stören und die letzten Reservate einigermaßen lärmfreier Zonen mit ihren alles durchdringenden Phongranaten bombardieren.

Schon lange will mir dieses Ungleichgewicht nicht aus dem Kopf: Lärmterroristen üben Gewalt aus und begehen Körperverletzung in Tateinheit mit psychischer Grausamkeit – uns aber, den Opfern dieser Aggression, sind die Hände gebunden.

Bis 22 Uhr ist alles erlaubt. Und danach geht's trotzdem weiter. Wer dann die Bullen, Pardon, die Polizei ruft, steht sowieso im moralischen Abseits. Es sei denn, Ursache des Getöses ist eine grölende Nazi-Truppe. Immer wieder frage ich mich, ob diese Ungleichheit der Waffen nicht äußerst unfair ist. Und ungesund dazu.

Mehr noch: Diese merkwürdige Unwucht zeigt sich auch sonst immer häufiger – eine Art Virtualisierung des Lebens, dem alles körperlich-Direkte, Unversöhnliche, gar Gewalttätige ausgetrieben werden soll. Bloß nicht übertrieben reagieren, bloß nicht persönlich werden, bloß kein Klartext. Längst vergangene Zeiten, als sich Don Camillo und Peppone, der katholische Priester und der kommunistische Bürgermeister eines kleinen norditalienischen Städtchens, mit immer neuen, oft handgreiflichen Finten erbittert bekämpften. Als Partisanen gegen die deutschen Truppen 1943/44 waren sie freilich gute Kameraden gewesen.

Heute jedoch geht es stets um den Konsens, um Diskurs und Kompromiss. Um Papiere, Konzepte, Entwürfe. Um Troika, Quartett, G 8, G 20. Endlose Wortgirlanden, um den heißen Brei gewickelt. All das ist nicht zuletzt Folge jener unaufhaltsam fortschreitenden Verregelung und Verrechtlichung unseres Daseins, die auf die konkrete Wirklichkeit gern mit immer neuen Abstraktionen reagiert. Jeder denkbare (Zu-)Fall des Lebens soll abgesichert, am besten von vornherein ausgeschlossen werden. Sobald ein neues Risiko am Horizont erscheint, wird der nächste Rettungsschirm aufgespannt, unter den der in Not geratene Kandidat »schlüpfen« muss. Schlüpfen! »Schlüpfen Sie doch mal hier rein!«, hört man Loriot aus dem Grab flöten. Am besten zieht man das Ding wie ein Riesenkondom gleich über ganz Europa, ach was, über die ganze Welt.

Unsere Kinder sind schon lange druntergeschlüpft. Da geht niemand mehr ohne Helm aus dem Haus. Auch die brandneuen Turbo-Kinderwagen haben alle Sicherheitschecks im Windkanal bestanden und sind, als extra stabiler Zwillingsdoppelsitzer, serienmäßig auch für den täglichen Straßenkampf »Mann gegen Mutti« – vice versa – einsetzbar. Selbst auf dem *TÜV*-geprüften Spielplatz tragen Sven-Oliver und seine Freunde ihre bunten Helmchen, bevor es dann zum Kleinkind-Yoga geht – logische Folge der therapeutischen Baby-Massage im Wellness-Zentrum *Glücksfee*. Die elektronische Fußfessel in Gestalt eines schicken Smartphones von Apple oder Samsung tragen schon Fünfjährige, und zum ganzheitlichen Flötenunterricht fährt Mutti ihren Torge oder Max natürlich mit dem dreifach höhergelegten Spezial-*SUV* aus Südkorea. Im Alter von zehn beginnt die erste Therapie gegen depressive Störungen, Burn-out und ADHS, nachdem die Globuli der homöopathischen Gemeinschaftspraxis *Engelsbucht* nicht geholfen haben. Irgendeiner im Gymnasium plant da schon seinen Amoklauf. Gegen den allerdings gibt es noch keinen Rettungsschirm.

An dieser Stelle müssen wir innehalten. Ist das nicht furchtbar zynisch und menschenverachtend, echt reaktionär?! Dürfen wir einfach so drauflosreden? Ist das nicht total ungerecht – und undifferenziert?

Gemach. Man wird ja noch seine eigenen Beobachtungen schildern dürfen. Wenn das reaktionär ist, dann ist auch Rainald Grebes Lied *Prenzlauer Berg* reaktionär. Zugegeben, es ist gemein, aber es trifft den Punkt: »Vom Himmel fällt Holzspielzeug und ein Satz Faber-Castell. Die Menschen sehen alle gleich aus, irgendwie individuell«. Genauso wie Christiane Rösingers Berlin-Hymne mit den elegischen Zeilen: »Wenn die Hunde wachen, ihre Haufen machen ... wenn die Fahrradfahrer uns vom Bordstein fegen, die Verrückten in der U-Bahn laut mit sich selber reden ... wenn die Öko-Eltern sich zum Brunchen treffen und die Arschlochkinder durch die Cafés kläffen ... ja, dann sind wir wieder in Berlin.«

Aber was sind das auch für Zeiten, in denen ein Code auf der Innensohle eines teuren Bergschuhs angebracht ist, der biografische Informationen über den Lebensweg jenes Rindviehs preisgibt, aus dessen Haut das Leder fürs alpine Schuhwerk gefertigt wurde? Ochse »Rudi« und Kuh »Klara«, gebürtig aus Inzell in Oberbayern – unsere ganz persönlichen Begleiter auf dem Weg zum Watzmann.

Sind die noch ganz dicht? Werden wir demnächst auch noch erfahren, wie Berthold, unser freilaufendes Brathähnchen, mit seinen Freunden Olaf, Kurt und Holger über die grüne Wiese tollte?

Im *KaDeWe* jedenfalls werden keine lebenden Hummer mehr gezeigt, bevor sie serviert werden. Das schockt die Generation Streichelzoo. Gegrillt werden sie trotzdem. Genauso wie der »Biowildlachs«, den es eigentlich gar nicht geben kann, weil ein »Wildlachs« nun mal wild, also in freier Natur aufwächst, während ein »Biolachs« gezüchtet werden muss. Aber nicht nur die Besserlebenden vom Prenzlauer Berg wollen stets alles zugleich: Bio und wild soll es sein, authentisch und regional, am liebsten aus dem Teich nebenan, wo sich Frosch und Ente gute Nacht sagen. Diesen Ansprüchen genügt in Brandenburg nicht einmal der ökologisch ambitionierteste Edelfisch, selbst wenn er Ole hieße und eine ausgesprochen flauschige Kindheit gehabt hätte.

»Soldaten sind Mörder!« lautet der große Schriftzug auf einem kurioserweise immer noch irgendwie »besetzten« Haus in Berlin-Mitte. Mag ja sein, denkt man für sich, aber sprechen wir doch die ganze Wahrheit aus: Bergwanderer auch! Und Liebhaber von Biolachs, Wiener Schnitzel, Tafelspitz und Saftgulasch! Und Autofahrer! Und Vielflieger!

Ja, was sind das bloß für Zeiten, in denen wir Schnitzelmörder und Klimakiller leben? Es sind Petra-Gerster-Zeiten. Wie wenige andere steht die Moderatorin der abendlichen *heute*-Nachrichten im ZDF für eine weichgespülte, homöopathisch dosierte Weltwahrnehmung, die glaubt, die Wirklichkeit nur in kleinen, psycho- wie ökologisch gut abbaubaren Häppchen präsentieren zu dürfen.

Mag dies auch Teil eines allgemeinen Programm-Konzepts sein, das den Zuschauern insgesamt immer weniger Unverträgliches zumuten möchte – mir geht diese euphemistische, also verniedlichende und beschönigende Präsentation der Weltnachrichten immer mehr auf die Nerven. Angesichts dieser Infantilisierung des Weltgeschehens gerate ich zuweilen in einen Thomas-Bernhard'schen Furor, der sich in ellenlangen elliptischen Sätzen der Anklage Luft machen möchte, in gemeißelten Leserbriefen oder empörten Anrufen.

Doch bevor ich auch nur zur Feder, Pardon, Tastatur meines Laptops greifen könnte, rast der Gedanke durch mein schon ganz wuschig wegmoderiertes Hirn: So hat auch mein Vater getobt, wenn ihm die Nachrichten wieder einmal einseitig vorkamen, falsch akzentuiert und ideologisch verdreht. Wie ein Rohrspatz hat er damals auf »die Kommunisten« geschimpft, die unseren hart erarbeiteten Wohlstand vernichten wollten und dabei nicht mal die deutsche Grammatik beherrschten.

Da es überzeugte Kommunisten heute kaum noch gibt und selbst Sahra Wagenknecht, Liebling des *FAZ*-Feuilletons,

Ludwig Erhard, den legendären Vater des deutschen Wirtschaftswunders, lobt wie einst Josef Stalin, muss sich meine Empörung andere Ziele suchen. Aber welche? Gerade in den Massenmedien haben sich chamäleonartige Gummiwesen breitgemacht, die kaum noch angreifbar sind, opportunistische Schaumfiguren und kamerakompatible Schminkmodelle, die für nichts stehen außer den jeweiligen Zeitgeist, auf den ein politisch korrekter Mainstream sich gerade verständigt hat.

Auch hier blinkt also ein neuerliches Warnzeichen meiner bedenklichen Veränderungen: Der Ordnungshüter in mir, der schon mal darüber den Kopf schüttelt, dass von zwei gelben Tonnen im Hinterhof die eine immer übervoll ist und die andere leer, mischt sich jetzt auch noch in die Weltpolitik ein, genauer: in ihre mediale Vermittlung und das Bild, das sie formt.

Eines ist klar: In der Petra-Gerster-Welt steht immer das vermeintlich Gute im Vordergrund. Das Böse ist schrecklich, darf aber nicht zu nahe rücken, zu konkret werden, schon gar nicht dramatisch erscheinen. Und wenn, dann nur in einer wolkigen Beschwörung voll abgenutzter Sprachklischees, die durch das nächste Lächeln schon wieder weggezaubert wird. Mit Journalismus hat das nichts mehr zu tun. Von der »ins Haus gelieferten Welt« sprach der Philosoph Günther Anders schon vor beinahe sechzig Jahren, von einer »Verbiederung« in jenem »einzigen riesigen Zuhause« des modernen Massenmenschen, das als »Universum der Gemütlichkeit« eine falsche Nähe des Fernen suggeriert. Doch er kannte Petra Gerster nicht, das Gesicht einer sanft einschläfernden Propaganda, die mit bestem Wissen und Gewissen die Realität zum Märchen erklärt, das den großen und kleinen Kindern vorm Gutenachtkuss immer nur in verträglichen Dosen vorgelesen werden kann.

Der einstige Leitspruch der fortschrittlichen Linken »Sagen, was ist!« hat sich im Wohlfühlbereich eines diffusen Gutmenschentums längst aufgelöst. So genau will man das meiste gar nicht mehr wissen und lieber nicht aufs Detail schauen. Das gut temperierte Bauchgefühl reicht. Wie der rechte, so ist auch der linke oder linksliberale Spießer ein Freund von Gewissheiten, die er selbst nicht erklären kann. Im Zweifel findet sich immer irgendein Text, irgendeine Studie oder »Enthüllung« aus dem »Netz«, dem heiligen World Wide Web, die die eigene Haltung, und sei sie noch so abstrus, mit angeblichen Fakten untermauert. »Wenn man Rhabarber nachzuckert, wird er sauer« – die Nummer VII seiner famosen *Glaubenssätze der Bourgeoisie* formulierte Kurt Tucholsky schon im Jahre 1928 mit dem Zusatz: »Dieser Satz ist völlig unsinnig; er ist durch ein Missverständnis entstanden, also unausrottbar.«

Man *meint* eben nur zu wissen, und das genügt, auch wenn das Gegenteil richtig ist. So muss man auch kein Buch gelesen haben, um es zu verurteilen. Man muss auch keine Ahnung von Politik haben, um »die Politiker« als faul, unfähig und korrupt zu verdammen. Und man muss auch nichts von Wirtschaft verstehen, um als Brüsseler ARD-Korrespondentin vermeintlich plausible Metaphern zur Euro-Rettung hinauszuposaunen à la »Wenn das Haus brennt, diskutiert man nicht über die Löschmethoden!«. Was sind schon ein paar hundert Milliarden Euro aus Mario Draghis wunderbarer EZB-Bazooka gegen das schöne Gefühl, auf der moralisch richtigen Seite zu stehen?

Nackte Zahlen können grausam sein, vor allem, wenn es um riesige Schuldenberge geht, auf die weitere Geldmassen gehäuft werden, die durch nichts gedeckt sind außer dem Prinzip Hoffnung. Wie schön dagegen die Reinheit der wahren Empfindung, die es gut meint mit den Menschen, die in Not sind!

Ja, Solidarität ist mehr als nur ein Wort. Sie ist die abstrakte Poesie der Wohlmeinenden, die allgegenwärtige »Moral to go«: portionierte Moralhappen für jeden Anwendungszweck. Sie kann man überall mitschleppen wie einen Pappbecher Latte Macchiato. Eine »normative Take-Home-Message« nennt das der Münchner Philosophieprofessor Michael Reder, ambulante Ethik für jede Gelegenheit. So erspart man sich das Selberdenken.

Aber ach, was reg' ich mich auf? Es ändert ja doch nichts. Und das ist vielleicht das problematischste Zeichen meiner inneren Hausmeisterei, diese fiese Mischung aus Wut und Resignation. »Det bringt doch nüscht!«, weiß der Urberliner. Klar, aber am liebsten würde ich gleich den jeweiligen Chefredakteur anrufen und mich beschweren – übrigens auch darüber, dass Syntax und Grammatik selbst in den großen Nachrichtensendungen einen immer schwereren Stand haben. Achten Sie mal auf den Satzbau in der *Tagesschau*!

Doch genau hier ist der Rubikon überschritten, der Übergang vom desillusioniert-geläuterten Altlinken zum ständigen Beschwerdeführer und notorischen Rechthaber. Kurz: Die Gefahr des Knackertums steht ante portas, eine üble Misanthropen-Mixtur à la Walter Matthau und Jack Nicholson, zwei Mecker-Zombies, die kein gutes Haar mehr am anderen lassen, vom Rest der Welt zu schweigen. Beispielhaft auch das Knacker-Gen bei den beiden Alten auf dem Theaterbalkon in der *Muppet-Show*. Immerhin hatten sie diabolischen Spaß an ihren fortgesetzten Schmähreden. Auch im Falle des menschlichen *Brontosaurus erectus robustus* Arnulf Baring, der mit seinen zornig aufbrausenden Wortgewittern in den Talkshows die Jungfüchse das Fürchten lehrt, scheint am Ende eine gewisse Befriedigung spürbar. Hier tobe ich, ich kann nicht anders. Früher hätten wir gesagt: In jedem steckt ein Rumpelstilzchen – lass es raus!

Unverkennbar auch bei mir der Trend zum intellektuellen wie alltagspraktischen Raufbold, zum leicht erregbaren Ranger im Naturpark des Lebens, der ständig zwischen rebellischen und konservativen Impulsen schwankt. Sehen denn die anderen nicht ein, dass sie auf dem falschen Weg sind? Merkt denn niemand, was hier falsch läuft? Bin ich wieder mal der Einzige, der durchblickt? Mal errege ich mich über die angepassten jungen Leute, die nur noch Bachelor, Master und Karriere im Kopf zu haben scheinen und so gar keine Idee, vom vorgezeichneten Pfad abzuweichen – und im nächsten Moment nervt mich schon wieder diese schwer greifbare Luschigkeit der geistigen Langschläfer im Öko-Kiez, die unglaubliche Selbstbezogenheit all der vegan-»polyamorösen« *Piraten*-Trolle im orangefarbenen Schutzanzug und der Laptop-Nerds mit Pizzaflecken auf dem »Occupy Gisela!«-T-Shirt, als seien sie nicht von dieser Welt, die sie doch verändern wollen.

Man vermisst Konturen und klare Kanten bei diesem Latte-Macchiato-Existenzialismus, der genügsam in seinem abgestandenen Milchschaumbad dümpelt. Dann wiederum sehe ich die Fünfundzwanzigjährigen mit Dreadlocks und schwarzen Klamotten, die gegen Globalisierung, Gentrifizierung und Genmanipulation demonstrieren und denke: So habe ich es nun auch wieder nicht gemeint. Das ist die falsche Kante! Da ist schon wieder mehr Ideologie als Verstand im Spiel, Gruppenlogik und Gemeinschaftsgefühl, Identitätsrhetorik und Abgrenzungsvoodoo gegenüber jenem angeblichen »System«, das seine Herrschaft bis in die letzten Ritzen der Existenz ausgedehnt hat – vom »vergifteten Essen« bis zum »Überwachungsstaat«.

Aber halt: Das war doch bei »uns« in den Siebzigern ziemlich ähnlich, sagt die innere Stimme. Ja nee, is' klar, widerspreche ich mir selbst. Und eben drum. Vielleicht reagiere ich gerade deshalb so allergisch auf die Phänomene einer schal schmeckenden Wiederholung, weil sie mir biografisch immer noch näher sind als das alerte Erfolgsmenschengehabe bei nachwachsenden Führungskräften mit Gel im Haar und Bonusgarantie. Sollte ich also umso mehr Verständnis dafür aufbringen, dass ein völlig harmloses – und, wie sich danach herausstellte, auch noch sturzlangweiliges – Projekt wie das *BMW Guggenheim Lab* in Berlin-Kreuzberg wochenlang für politische Auseinandersetzungen sorgte, deren Schärfe mit den Glaubenskriegen des sechzehnten und siebzehnten Jahrhunderts konkurrieren konnte?

Wie ein Raumschiff von Aliens, wie eine Angriffsdrohne des anglo-amerikanischen Imperialismus drohte das *Lab*, ein gesponsertes »Laboratorium« zur Urbanitäts-Debatte, das schon in anderen Weltstädten Station gemacht hatte, über einer von Hundekot durchtränkten Kreuzberger Stadtbrache niederzugehen. Potzblitz, der Teufel in Diskursgestalt! Es galt die Parole: Verteidigt jedes vertrocknete Grasbüschel gegen den Angriff des Kapitals! Gerade die großzügigen Angebote zum friedlichen Dialog wurden von den linken Heimatschutztruppen als raffiniertes Manöver betrachtet, die klare Frontstellung aufzuweichen: eine hinterhältige Kampfansage an den hart erworbenen Identitätspanzer der autonomen Revierhirsche.

Aber warum sollte ich mich eigentlich nicht über Aktivitäten aufregen, die ich falsch und lächerlich finde? Muss ich nur deshalb schweigen, weil ich früher einmal ähnlichen Mist verzapft habe? Es ist schon richtig: Die schärfsten Kritiker der Elche waren früher selber welche. Aber muss ich mich deswegen heute dümmer stellen, als ich bin?

Eigentlich ist es ganz einfach: Immer öfter bin ich nicht mehr meiner Meinung. Ich wundere mich selbst darüber, aber es stimmt. Ich kann nicht anders. Ich finde Wollmützen im Hochsommer nicht cool, sondern beknackt. Besonders dann, wenn es sich um Nachahmer von Ashton Kutcher handelt. Den einhändig steuernden Fahrer eines offiziellen Stadtrundfahrt-Busses, der in der scharfen Rechtskurve am Berliner Kanzleramt ungerührt telefoniert, könnte ich glatt anzeigen, und das Dauerbrunchen am Prenzlauer Berg halte ich inzwischen nicht mehr für eine kulturelle Errungenschaft des neuen deutschen Hedonismus. Das Gleiche gilt für die Partyszene- und Feierkultur insgesamt, bei der ich mir immer zwei Fragen stelle, die leider unbeantwortet bleiben: Was genau wird da eigentlich gefeiert? Und: Wer erholt sich da von welchem Arbeitsalltag?

Zugegeben, das klingt fast schon reaktionär und erinnert stark an meinen Vater. Das fortgeschrittene Knackertum hat aber auch etwas Gutes, Befreiendes. Man redet nicht drum herum, sondern sagt einfach, was man denkt.

Das ist nun wirklich ein Privileg des Älterwerdens: Das Problem, Rücksicht nehmen zu müssen auf Vorgesetzte, Kollegen, Nachbarn, Kumpels, Freunde, Bekannte und die Mehrheitsmeinung in der Stadtteilgruppe, schwindet merklich. All die taktischen Erwägungen, sich lieber nicht zu weit von dem zu entfernen, was die anderen sagen, verlieren an Bedeutung. Da man im Leben schon ein paar größere Schwierigkeiten überwunden hat, verringert sich die Furcht, einmal missverstanden zu werden, Beifall von der »falschen Seite« zu bekommen oder sich von einer vorherrschenden Meinung abzusetzen. Da ich auch nicht Mitglied irgendeiner Partei bin, kann kein Vorsitzender oder Generalsekretär erklären, das, was ich denke, sei eine »völlig isolierte, unerhebliche Einzelmeinung«. Selbstverständlich, so der einschlägige Sermon eines weltlichen Ersatzpapsttums, müssten einzig und allein das Parteiprogramm von 2012 und der 200-seitige Bericht der »Zukunftsfolgenabschätzungskommission 2020« gelten.

Von wegen. Wie unerheblich meine Sichtweise für den Fortgang der Weltgeschichte auch sein mag – kaum etwas genieße ich so sehr wie die Freiheit, ein »isoliertes«, also eigenständiges, unabhängiges und erkennbares Ich zu sein, statt all das nachplappern zu müssen, was ein Parteitag oder das Abschlusspapier einer Kommission vorformuliert haben.

Parallel zu meinen eher noch stärker werdenden Freiheitsbedürfnissen wächst die Wertschätzung von sogenannten Sekundärtugenden. Mit ihnen könne man auch ein Konzentrationslager betreiben, giftete einst Oskar Lafontaine gegen Bundeskanzler Helmut Schmidt. Inzwischen wissen wir, dass man mit Ordnung und Disziplin auch eine Linkspartei aufbauen kann, Nachfolgeorganisation der SED von Erich Honecker und Egon Krenz. Die Frage ist nur, was sie sonst noch zu bieten hat.

Aber klar, »Ordnung, Sauberkeit und Disziplin«, dazu »Treue«, »Fleiß« und »Redlichkeit« – das war der goldene Erziehungskatechismus meiner Kindheit, der in dem Satz gipfelte: »Ordnung ist das halbe Leben.«

Für die andere Hälfte verhieß das allerdings nichts Gutes.

Kein Wunder also, dass wir später in den Wohngemeinschaften, Protestcamps und selbstbestimmten Alternativbetrieben mit Wonne das Chaos wuchern ließen und den längst nicht mehr weißen Flokati-Teppich allenfalls beim nächsten Umzug einmal kräftig durchschüttelten. Ganz Schlaue färbten ihn lila, dann sah man sowieso nichts mehr von Zigarettenasche und Rotweinflecken.

Deutlich erinnere ich mich an meine Männer-WG im Frankfurter Nordend, die rasch zu einer heimeligen Bastion mit Hochbett und Kochnische mutierte, in die ein unerklärlicher Wüstenwind immer wieder Wollmäuse in der Größe jener Steppenwirbel trieb, die man aus verlassenen Städten des amerikanischen Westens kennt. Auch sie unterlagen freilich dem Gesetz des biologischen Zerfalls, und so schrumpften sie im Laufe der Zeit immerhin auf die Größe von behaarten Weihnachtskugeln. In den dunklen Ecken der Parterrewohnung fanden sie ihren natürlichen Lebensraum.

Es war die Zeit Ende der Siebziger, als Patti Smith mit *Because the Night* fast schmerzhaft genau unser musikalisches Lebensgefühl traf, als alles irgendwie vorläufig, unfertig und aufregend schien. Das Licht war meist kommunikationsfreundlich warm und ockerfarben abgedimmt, im Tonkännchen tockerte der Jasmintee, während der Kohle- oder Ölofen völlig unökologisch, aber urgemütlich vor sich hin bollerte. In den aufeinandergestapelten Apfelsinenkisten reihten sich die Bücher, die damals alle lasen, und nach dem Anti-AKW-Plenum ging's ins *Mampf*, in die *Weinstube* oder den *Größenwahn*. Oder zu Kostas, dem lieben Griechen, dessen fetttriefendes Moussaka damals noch nach Antifaschismus, Rebellion und Mikis Theodorakis schmeckte. Der Ouzo ging reihenweise »aufs Haus«, und so kam man erst weit nach Mitternacht ins Hochbett. Es blieb einfach keine Zeit für Putzen und Aufräumen.

Hinzu kam ein geschlechtsspezifisches Rätsel, das heute gern humoristisch ausgeschlachtet oder zum Gegenstand von »Gender-Studies« gemacht wird, aber zumindest damals den nackten Tatsachen entsprach: Männer, zumal solche zwischen zwanzig und dreißig, konnten Dreck mit bloßem Auge einfach nicht erkennen. Ganz ehrlich. Praktisch unmöglich war es, die dunkleren Ecken der Toilette als sanitäre Problemzone wahrzunehmen, weil das Ché-Guevara-Poster, die letzte Ausgabe der *FUZZY* (*Frankfurter Uni-Zzeitungs-Ynitiative*) und die Ansichtskarten der reisenden Genossen aus Portugal und Griechenland alle Aufmerksamkeit auf sich zogen. Nur unter größten Mühen entdeckten wir hier und da doch etwas, das man als Schmutz hätte bezeichnen können.

Da aber die objektiv konterrevolutionäre Idee eines ausgefeilten »Putzplans« noch nicht bis zu uns vorgedrungen war, konnten wir uns nie darauf einigen, wer die Dreckecke beseitigen sollte. Kurze Zeit später war das mysteriöse Phänomen sowieso schon wieder vergessen. Bitter, aber wahr: Nachhaltigkeit war damals so wenig Thema wie das Dosenpfand – und Claudia Roth noch nicht einmal Pressefrau von *Ton, Steine, Scherben*.

Umso größer unsere Überraschung, als wir eines Tages nach langen Stunden an der Uni zurückkehrten und vom Anblick unserer Höhle fast geblendet wurden. Zwei junge Frauen, die bei uns zu Gast waren – ich hatte sie nach der großen Demonstration gegen den *Superphénix* in Malville 1977 irgendwo in Südfrankreich beim Trampen kennengelernt –, waren über Nacht zu blonden Putzteufelchen geworden. Aus eigenem Antrieb und im Geiste von Klementine, *Vim* und *Sagrotan* hatten sie die gesamte Wohnung blitzblank gescheuert. Wir verstanden die Welt nicht mehr – Frauen machen den Hausputz, während die Männer die Welt erobern. Was war das denn für eine reaktionäre Scheiße! Und dann hatten sie auch noch Kuchen gebacken.

Andererseits war dieser Schock ein historischer und erkenntnistheoretischer Wendepunkt: Wir sahen, dass selbst in unsere dunkle Höhle, die wir gerade deshalb so liebten, das helle Licht des Tages fallen kann. Man musste nur die Fenster putzen. Noch unglaublicher: Sogar im Tageslicht sah die Wohnung verdammt sauber aus. Zwar sollte es noch einige Jahre dauern, bis wir von der Erkenntnis zum Handeln, von der Theorie zur Praxis übergingen und selbst den Schrubber in die Hand nahmen, aber der Kairos, der Moment der Umkehr, schien in Reichweite: Sauberkeit und Ordnung waren nicht mehr zwingend Merkmale einer faschistoiden Gesinnung. Sie konnten auch ganz nützlich sein.

Doch gerade solche praktischen Einsichten jenseits metaphysischer Erkenntnishöhen brauchen ihre Zeit. So fand ich noch gut zehn Jahre später in der Berliner Zentralredaktion der Tageszeitung *taz* irritierende Verhältnisse vor. Im heißen WM- und Wende-Sommer 1990 war ich als Aushilfsredakteur für vier Wochen herbeigeeilt und musste mich erst einmal den harten Realitäten stellen. Nach ersten Tippversuchen auf meinem Redaktionscomputer klebten die Finger auf den Tasten wie Kaugummireste auf dem Teppichboden. Besonders beliebte Buchstaben wie d, b, u, m, t und f waren nahezu schwarz vor Dreck, während der Bildschirm genau jenen Grauschleier aufwies, gegen den die Persil-Werbung seit Jahrzehnten ankämpft. Viel sah man jedenfalls nicht vom eigenen Text.

Doch schon der schüchterne Versuch, Putzlappen, Eimer und andere Utensilien der schwäbischen Hausfrau herbeizuschaffen, stieß auf den betonharten Widerstand des revolutionären Zeitungsalltags. Da war nichts zu machen. Ein paar Tempos mussten für den Augenblick genügen. Auch ein erster Besuch der Toilette hinterließ den Eindruck, dass der antifaschistische Kampf in äußerster Konsequenz bis zur letzten Kloschüssel geführt wurde. Motto: Keine Handbreit dem deutschen Sauberkeitswahn! Hier funktionierte sie auch noch nach dem Mauerfall, die Logik der Abschreckung. Wer nicht unbedingt musste, schrieb lieber gleich noch einen Kommentar zur Klimakatastrophe. Die war wenigstens weit weg.

Doch auch am Schreibtisch wurde der tagtägliche Kampf gegen bürgerliche Sekundärtugenden tapfer ausgefochten. Da einige RedakteurInnen (!) barfuß herumliefen und die Beine zwischen herumliegenden Pizzaresten und verschmierten Kaffeetassen mit eingetrockneter *Sandino Dröhnung* gerne mal auf den Tisch legten, war der Zustand des Bodens auch ohne Sehhilfe mühelos erkennbar. Aber waren wir damals nicht alle Schwarzfußindianer auf dem Kriegspfad?

Als ich schließlich die zarte Frage aufwarf, ob es denn eine Art Putztruppe, -gruppe, -kolonne, -mann- oder -frauschaft gebe, wurde mir, dem Aushilfsredakteur aus dem fernen Frankfurt, unmissverständlich klargemacht, dass derart reaktionäre Machenschaften in der *taz* keinen Platz finden würden. Das wäre Ausbeutung unterprivilegierter Arbeitskräfte. Natürlich sei das Kollektiv selbst für diese Aufgabe verantwortlich. »Schön«, sagte ich. »Aber man sieht nichts davon.« »Dann diskutieren wir darüber auf dem nächsten Plenum.« Is' klar.

So musste ich also ganz allein Ordnung schaffen in meinem Leben, ohne das Kollektiv. Denn eines habe ich damals auch gelernt: Die schleichende Vermüllung des eigenen Lebensumfelds kann nicht die Antwort auf das Chaos der Welt sein, und ein überbordender Schreibtisch allein ist noch kein Zeichen ungestümer Kreativität und lodernder Geisteskraft. Immerhin zeugten die gigantischen Stapel eingesandter, aber ungelesener und originalverpackter Manuskripte, die ich unter dem Schreibtisch meines Vorgängers fand, von der andauernden Macht der Verdrängung. Leider war mir die Aufgabe zugefallen, die Anrufe all der empörten Autoren entgegenzunehmen, die niemals irgendeine Antwort bekommen hatten.

Zwangsläufig wurde ich so mit der Tugend der Höflichkeit konfrontiert, mit der Macht von Freundlichkeit und Einfühlungsvermögen, kurz: mit bürgerlichen Umgangsformen, die in unseren Kreisen so verachtet wurden. Wie bei Parlamentarismus und Rechtsstaat sahen wir in ihnen nur die Fassaden eines Herrschaftssystems, das die wahren Bedürfnisse der Menschen unterdrückte.

Inzwischen will ich die wahren Bedürfnisse der Menschen gar nicht mehr ergründen – so wenig wie ihr wahres Ich. Mir reicht es, einigermaßen zu wissen, mit wem ich es zu tun habe. So sehr wir damals den Ausnahmezustand liebten, die Subversion des bürgerlichen Alltags und seiner Regeln, das drängende »Du« und die unmittelbare Nähe einer Gemeinschaft von Gleichgesinnten, so sehr schätze ich heute, ein Vierteljahrhundert später, eine gewisse Normalität, Verlässlichkeit und jene freundlich-respektvolle Distanz, die das Zusammenleben leichter macht.

Unschätzbarer Vorteil derartiger Konventionen ist, dass auch Menschen unterschiedlichster Ansichten miteinander zurechtkommen können. Streit braucht keine Feindschaft, nur gegenseitige Anerkennung. Doch nie hätten wir uns vor gut dreißig Jahren mit Herren in Anzug und Krawatte eingelassen, schon gar nicht, wenn sie Mitglieder bürgerlicher Parteien gewesen wären oder gar amtliche Funktionen ausgeübt hätten. Und wenn, dann nur, wenn wir sie als Repräsentanten unseres politischen Feindbilds attackieren konnten.

Unvergessen und im Nachhinein auch ziemlich peinlich ist mir eine Begebenheit, die sich im März 1980 zutrug. Heinz-Herbert Karry, langjähriger FDP-Wirtschaftsminister einer sozial-liberalen Koalition in Hessen und Bundesschatzmeister seiner Partei, feierte im Frankfurter Römer seinen sechzigsten Geburtstag. Weil er einer der stärksten Befürworter der damals heftig umstrittenen Startbahn West des Frankfurter Flughafens war und den Sofortvollzug der Bauerlaubnis erteilt hatte, wollten wir ihm einen besonderen Besuch abstatten. In einer Gruppe von fünfzehn, zwanzig Spontis begehrten wir lautstark Einlass in die geschlossene Gesellschaft. Ordner und Polizei hinderten uns natürlich daran, und eigentlich glaubten wir selbst nicht, dass wir es schaffen würden. Doch plötzlich öffnete sich die schwere Tür zu dem 600 Jahre alten Kellergewölbe der Römerhalle und wir durften hinein.

Karry selbst hatte es gestattet. Wir waren ziemlich baff, aber auch entschlossen, jetzt mal Tacheles zu reden mit den Herrschenden. Sogar Alt-Bundespräsident Walter Scheel war zugegen. Rasch ergaben sich heftige Streitgespräche zwischen Lederjacken- und Anzugträgern über die Startbahn West, Atomkraftwerke, illegale Parteispenden, die Flick-Affäre und vieles mehr. Aber wieder einmal entfaltete der Dialog seine verhängnisvolle Kraft von Zerstreuung und Mäßigung, zumal er durch den kostenlosen Verzehr von Äppelwoi, Bier und Riesling unterstützt wurde. Auch das Büffet war nicht schlecht. Am Ende drohte zwar nicht die Fraternisierung mit dem Klassenfeind, aber der Schwung des Protests war ziemlich erlahmt – nicht zuletzt dank der jovialen Offenheit von Karry, einem echten

»Frankfurter Bub«. In einer letzten Aufwallung revolutionärer Selbstermächtigung nahmen wir beim Hinausgehen noch mit, was wir kriegen konnten: einen Laib Parmaschinken, Parmigiano, Wein- und Champagnerflaschen. Ich steckte eine Flasche Whiskey unter die schwere Lederjacke. Ja, so hatten wir es den Mächtigen doch noch gezeigt.

In Wirklichkeit haben wir einfach nur das Gastrecht verletzt und die Großzügigkeit des Gastgebers mit Diebstahl vergolten. Als politische Aktion war es sowieso ein Flop.

Ein gutes Jahr später, am 11. Mai 1981, wurde Heinz-Herbert Karry von Terroristen der *Revolutionären Zellen* erschossen – im Schlaf, in seinem eigenen Bett in Frankfurt-Seckbach. Sein Fehler: Er lag »falsch« – andersherum, als die Täter vermuteten, die mit einer Leiter das Fenster zum Schlafzimmer erklommen hatten. In einem Bekennerschreiben hieß es:

»Geplant war, durch mehrere Schüsse in seine Beine dafür zu sorgen, dass er länger das Bett hüten muss, als ihm und seinen Freunden lieb ist … Dass Karry durch diesen Zufall die Reise in die ewigen Jagdgründe antreten musste, bekümmert uns ausschließlich insofern, als dies nicht geplant war … Insoweit haben wir Selbstkritik geübt: Die zu treffenden Körperteile waren verdeckt, was die Zielsicherheit und -genauigkeit über das akzeptable Maß hinaus einschränkt. Da – trotz der Verwendung eines Kalibers, das normalerweise keine tödlichen Verletzungen hervorruft – es keine Garantie hierfür gibt, hat diese Aktion für uns die Konsequenz, das Angriffsmittel Knarre auch in Zukunft ausschließlich gegen Personen anzuwenden, bei denen das Risiko des nicht-beabsichtigten Todes eingegangen werden kann.«

Das war lupenreines Gestapo-Deutsch: Die Selektion von lebenswertem und nicht lebenswertem Leben. Wie zwischen 1933 und 1945. Heinrich Himmler lässt grüßen.

Bis heute sind die Täter, die sich im Unterschied zur *RAF* als »Freizeit-Revolutionäre« verstanden und im Umfeld der Frankfurter Sponti-Szene agierten, nicht bekannt. Erst aus den Nachrufen in den Zeitungen erfuhren wir, dass der von deutschen Linken »zufällig« hingerichtete Heinz-Herbert Karry von den Nazis als sogenannter »Halbjude« verfolgt und zur Zwangsarbeit verpflichtet worden war. Seinen Vater hatten sie ins KZ geworfen.

Unser Feindbild war erschüttert, und manch einer schämte sich, wenn auch nur still und heimlich. Aber es dauerte noch viele Jahre, bis sich das alte, ideologisch geprägte Freund-Feind-Denken wirklich auflöste, bis wir lernten, dass Respekt und Toleranz sich dann erst wirklich beweisen, wenn es nicht um Freunde und Gesinnungsgenossen geht, sondern um politische Gegner. In den achtziger Jahren begegnete ich immer wieder Menschen aus dem eher konservativ-bürgerlichen Milieu, und es war tatsächlich eine Neuigkeit für mich, dass der Geschäftsführer der Frankfurter Industrie- und Handelskammer ein sympathischer, intelligenter und weltoffener Zeitgenosse sein konnte, was man von einigen unserer alten Kampfgefährten nicht unbedingt sagen konnte.

So geriet die Ordnung meines progressiven Alltags immer mehr aus den Fugen.

2. Kapitel

Süße Vergangenheit
oder
Das Leuchtfeuer der Jugend wird zum Teelicht der Erinnerung

So viel steht fest: Der progressive Alltag hat ein zähes Leben. Und er steckt voller rätselhafter Widersprüche. Mindestens zwei Entwicklungen laufen dabei parallel, obwohl sie sich eigentlich in die Quere kommen müssten: Einerseits sind die revolutionären Zeiten der Jugend längst vorbei; schon äußerlich bin ich kaum wiederzuerkennen, und von meinen Glaubensbekenntnissen aus den siebziger Jahren bin ich äonenweit entfernt. Dennoch hänge ich, hängt meine Seele an dieser gut zehnjährigen Lebensphase, als sei sie der Quell all dessen, was mich heute ausmacht.

Um es gleich zu sagen: Das ist sie wirklich, und auch die notorische Verklärung der »guten alten Zeiten« spielt eine Rolle wie bei allen Menschen, die nicht den frühen Tod gefunden haben: der beschönigend-sanfte, wehmütige Blick zurück, das romantische »Weißt Du noch?«, die kleinen Heldentaten und die spätere Odyssee durch den verwirrenden Weltraum einer Gesellschaft, die sich rascher verändert hat als alle soziologischen Theorien zu ihrer Erklärung. Und sicher, es ist immer wieder ein herzerwärmendes Abenteuer der Erinnerung, noch einmal jenen verlorenen Illusionen nachzuspüren, von denen man sich in oft schmerzhaften Wandlungen und dennoch ganz bewusst getrennt hat.

Aber es gibt da noch etwas anderes, Dauerhaftes. Die siebziger Jahre des zwanzigsten Jahrhunderts, das »rote Jahrzehnt«, wie es der Historiker Gerd Koenen nennt, waren ein durchaus einzigartiger zeitgeschichtlicher Moment, dessen Nachwirkungen bis heute reichen. Zum letzten Mal in diesem Säkulum voller Kriege, Bürgerkriege und Revolutionen brachte er eine Verdichtung radikaler utopischer Strömungen hervor, die nicht zuletzt in der Eruption terroristischer Gewalt ihr vorläufiges Ende fanden. Wie kaum ein anderer hat Koenen, damals ein führender Maoist, das Todernste und zugleich Farcenhaft-Spielerische dieser Ära beschrieben, das Ineinandergreifen »unserer unbewussten Affekte und Zwangsgedanken, unserer eigenen Größenphantasien und narzisstischen Gewinne«. Es hat eben auch verdammt viel Spaß gemacht.

Wenn ich heute linke Globalisierungskritiker oder Protagonisten der in Windeseile historisch gewordenen *Occupy*-Bewegung betrachte, kommen mir genau diese Phänomene einer romantisch gefärbten Widerstandskultur in den Sinn, deren Teil ich vor Jahrzehnten war. Merkwürdig nur: Zumindest subjektiv-psychologisch unterscheide ich haarscharf zwischen der politischen Kritik an dem naiven Fundamentalismus von 2013 und meinen eigenen Hoffnungen auf Welterlösung anno 1973, obwohl beides auf den ersten Blick sehr ähnlich aussieht.

Manchmal ertappe ich mich dabei, wie ich im geborgten Veteranenduktus murmele: Na, wir hätten wenigstens mal eine Investmentbank gestürmt, statt im Versammlungszelt stundenlang über das Müllproblem zu diskutieren. Mein aktuelles Bewusstsein freilich hält nur noch wenig von »revolutionärer Gewalt«, auch wenn ich zugebe, dass mein Alter Ego

John Wayne sicher nichts dagegen gehabt hätte, einem dieser geschniegelten Bonus-Ritter einen Extra-Zuschlag zu verpassen. In gewisser Weise verteidige ich also meine eigene Biografie gegen ihre politische Irrtumsgeschichte: Bauch gegen Kopf, Erinnerung gegen Reflexion – der Kampf zweier Linien. Motto: Wenn schon Revolution, dann machen wir sie. Wer hat's erfunden? Genau: Das Patent liegt bei uns.

So reproduziert sich nicht nur der ewige Generationenkonflikt, sondern auch der Widerstreit von Gefühl und Vernunft, Sehnsucht und Realismus, Utopie und Pragmatismus.

Der Hausmeister in mir ruft: Schaff' endlich Ordnung in diesem Durcheinander. Mach reinen Tisch! Das komplizierte Ich mit Vergangenheit aber sagt: Das sind eben die Widersprüche des Lebens. Man soll sich nicht feige hinter ihnen verstecken und »ein Stück weit« *irgendwie* alles gelten lassen, sie aber auch nicht einfach leugnen oder verdrängen. Dazu gehört gleich noch ein scheinbarer Widerspruch: Die Revolte von 1968, »die längste Kindheit der Weltgeschichte« (Eva Demski), als historisch notwendige Zäsur vehement zu verteidigen und sie im Blick auf ihre Exzesse ebenso scharf zu kritisieren.

Gerade die beinahe mythische Faszination dieses Ereignisses auch 45 Jahre danach zeigt die Ambivalenz des historischen Augenblicks: Mal ist »der 68er« der letzte überlebende Held einer deutschen (Kultur-)Revolution, die sich noch was traute, mal bloß der nichtsnutzige Bösewicht, der die bürgerlichen Werte zerstört hat und für zerrüttete Familien, faule Lehrer und egoistische Kinderlosigkeit verantwortlich ist. Mal erscheint der Altrevoluzzer als übermächtige Gestalt, der noch heute Schuld hat an Sittenverfall und Bildungsnot, mal wird er als lächerliche kabarettreife Figur im fortgeschrittenen Rentenalter dargestellt, die sich selbst lange schon überlebt hat – ein peinlicher Brontosaurus der Bundesrepublik.

Doch weder durch Heroisierung noch durch Verdammung entkommt man der eigenen Geschichte. Sie holt einen sowieso immer wieder ein. Die Frage ist nur, was man daraus macht. Und wie man, in all den Widersprüchen, von ihr geprägt worden ist.

Als spätgeborener »78er« bin ich unmittelbar nach dem Abitur in die Frankfurter Sponti-Szene geraten, fast so, als wäre es vom Schicksal bestimmt worden. Noch im Gymnasium hatte ich ein Referat über Bodenspekulation und Wohnraumzerstörung gehalten, und schon Ende Februar 1974 stand der erste Praxistest des »Häuserkampfs« an. Unweit der Universität tobte eine massive Straßenschlacht, nachdem gleich mehrere besetzte Häuser von der Polizei geräumt worden waren. Kurz darauf begann schon der Abriss. Die aufgehäuften Trümmer ragten wie ein Sinnbild kapitalistischen Zerstörungswahns in den Himmel – die Wut gegen »Spekulanten und Bullen« hatte ihren Ort der Schande. »SPD, Banken, Versicherungen und Magistrat sind ein GANGSTERSYNDIKAT« deklamierte nicht ganz reimsicher der *Frankfurter Häuserrat*. Später ließ man Banken und Versicherungen weg, was dem Sprachrhythmus der populären Kampfparole zugute kam.

Nach mehrstündiger Schlacht jedenfalls war die nahegelegene große Straßenkreuzung flächendeckend mit Pflastersteinen übersät, als wäre sie zum Filmset für einen fiktiven Politthriller mit dem Titel »Aufruhr ohne Reue« geworden; es gab Hunderte Verletzte, und die Luft roch nach Tränengas. Für mich, damals 18 Jahre alt, war es wie ein Initiationsritus, eine Art Feuertaufe. Ich hatte so etwas noch nie erlebt. Manche Steinbrocken flogen direkt an meinem Kopf vorbei, und blitzschnell bildete sich jener revolutionäre Wirkstoff aus Angst, Lust und Wut, der in den kommenden Jahren eine maßgebliche Rolle spielen sollte.

Das Adrenalin schoss in die Höhe, und obwohl ich noch gar keiner Gruppe angehörte, spürte ich schon die Faszination eines Gemeinschaftsgefühls, das in der Lage war, jedem Einzelnen Flügel zu verleihen. Aufgeregt ging ich nach Hause und schrieb alles auf. Mein Resümee: »Frankfurt gleicht in den letzten Tagen eher der Anarchie als einem Zustand von Ruhe und Ordnung, wie er angestrebt wird. Das zeigt, dass selbst die bürgerlichen Maximen von Ruhe und Ordnung dort aufgegeben werden, wo die Verteidigung von Kapitalinteressen es erfordert.« Bei diesen Formulierungen offenbaren sich schon die nachhaltigen Bildungserfolge, die sich unser marxistisch geprägter 68er-Lehrer im Fach Wirtschafts- und Gesellschaftswissenschaften gutschreiben konnte. Vom »tendenziellen Fall der Profitrate« hatten wir jedenfalls früher gehört als vorhergehende Schülergenerationen vom realen Bestäubungsvorgang zwischen Mann und Frau.

Noch plädierte ich vergleichsweise brav für die »Unterlassung jeglicher Provokation der Polizei« durch militante Aktionen, um die Sympathien der Bevölkerung nicht zu verlieren. Das änderte freilich nichts daran, dass die »strukturelle« und die »direkte« Gewalt von der »kapitalistischen Wirtschaftsordnung und ihren Profiteuren« ausgingen. So viel war klar.

Im Handumdrehen schienen Theorie und Praxis im schönsten Einklang, und jetzt ging es nur noch um die Einzelheiten, um die Ausgestaltung einer revolutionären Perspektive. Das sollte zu machen sein. Ich las viel, von Flugblättern über Info-Broschüren bis zu jenen legendären *Suhrkamp*-Bändchen, deren Farbgestaltung im Bücherregal – damals noch übereinander gestapelte Orangenkisten – eine Art Regenbogen ergab, der immer länger wurde und schon optisch signalisierte: Mit uns kommt die Zukunft wie von selbst, immer schön dem Horizont entgegen. Die Vorstellung, man müsse die »gesellschaftlichen Verhältnisse« auf allen Gebieten nur theoretisch-intellektuell durchdringen und einer strikten Analyse unterwerfen, um den fruchtbaren Boden für eine neue Welt zu bereiten, war eine der linken Glaubensgewissheiten, die Mutter aller Erkenntnisse und der Vater jeden Fortschritts.

Da es damals weder das iPhone 5 noch das Internet gab, weder Google, Wikipedia noch Facebook, musste sich jeder ganz allein jenes Wissen aneignen, das über Wohl und Wehe der Menschheit entscheiden sollte. Gewiss, es gab alle möglichen Versuche, in der »Kapitalgruppe« oder im Uni-Seminar gemeinsam Texte zu lesen, aber letzlich musste sich das revolutionär gesinnte Individuum im eigenen Kopf mit Tauschwert und Gebrauchswert, Mehrwerttheorie und Überproduktionskrise herumschlagen. Das konnte durchaus quälend sein, weil die Tatsache, etwas nicht zu verstehen, stets der eigenen Begriffsstutzigkeit angelastet wurde und nicht etwa einer intellektuellen Ungenauigkeit, gar einem Denkfehler der großen Meisterphilosophen.

Wer nach vierzig Jahren hier und dort noch einmal nachliest, ist nicht selten erschüttert über die hochtrabenden Theorie-Konstruktionen, die heute eher hohl wirken, angestaubt und anachronistisch. Ihr Anspruch, die gesamte Welt, ach was, die ganze Weltgeschichte zu erklären und zugleich den Versuch zu wagen, die große, alles umfassende Alternative für die Zukunft aufzuzeigen, wirkt heute nicht mehr ambitioniert, sondern verstiegen, wenn nicht lächerlich. Zwar hat gerade Theodor W. Adorno, der Kopf der kritischen *Frankfurter*

Schule, stets vermieden, irgendeine politische Utopie auszuformulieren, doch sein geflügeltes Wort, das zum linken Gassenhauer wurde, suggerierte gleichwohl eine – freilich abstrakt bleibende – Radikalität, die keinen Kompromiss kannte: »Das Ganze ist das Unwahre«, dekretierte er in Anspielung auf den Hegel-Satz »Das Ganze ist das Wahre«. Daraus folgte in letzter Konsequenz: »Es gibt kein richtiges Leben im falschen.«

Wir nahmen diese apodiktischen Sätze ziemlich wörtlich, auch wenn kaum jemand wirklich sagen konnte, wie das richtige Leben denn aussehen sollte – und wer eigentlich darüber entscheidet, wann es endlich erreicht ist. Der Widerspruch, dass wir unsere vielleicht besten, jedenfalls aufregendsten Lebensjahre im »Unwahren« und »Falschen« verbrachten, fiel uns damals gar nicht auf. Aber klar: Es gehörte zur automatischen Selbstrechtfertigung dieser merkwürdigen Doppelexistenz, dass wir ja tagtäglich gegen das vermeintlich Unwahre und Falsche rebellierten. Wir kämpften, also waren wir von jeder Mitschuld an den Verhältnissen exkulpiert. Wir waren die Guten und eben nicht wie die anderen, die Spießer, Opportunisten und Mitläufer. Das freilich war ein Ritt auf der geschichtsphilosophischen Rasierklinge, ein Selbstbild am Rande des Selbstbetrugs, denn auch wir fuhren Auto, kauften im Supermarkt ein und schauten die *Sportschau* – mit einem ordentlichen Bier in der Hand, versteht sich. *Bionade* gab es damals nicht.

Dennoch blieben Marx, Adorno, Horkheimer, Marcuse und andere Welterklärer unsere Hausgötter, auch wenn sie immer wieder antiautoritären Attacken ausgesetzt waren. Vor allem Adorno, der vor dem Naziterror nach Amerika geflohen war, galt als zögerlicher Geistesmensch, dem es vor der realen Revolution eher graute. Traurige Berühmtheit erlangte die

»Busenaktion« dreier junger Studentinnen im April 1969, die aus Protest gegen seine angeblich mangelnde Solidarität mit der Revolte im Hörsaal ihre Brüste entblößten und versuchten, ihn zu küssen. Geradezu panikartig verließ der 65-jährige Adorno den Ort dieser Demütigung. Sein früher Tod durch einen Herzinfarkt im Sommer 1969 im Schweizer Wallis hat auf tragisch-verschlungene Weise auch mit dieser tief sitzenden Kränkung zu tun. Kurz zuvor hatte er in einem Brief an Herbert Marcuse »die Meriten der Studentenbewegung« gelobt, zugleich aber auf »jenes Quäntchen Wahn« hingewiesen, »dem das Totalitäre teleologisch innewohnt«. Jürgen Habermas hatte schon 1967 vor einer Tendenz zum »linken Faschismus« gewarnt und dafür große Empörung geerntet.

Ansonsten galt: Alles klar auf der *Andrea Doria*. Ich erinnere mich noch an meine nächtlichen Fußmärsche nach Hause, nachdem die letzte U-Bahn weg war. Über mir der bestirnte Himmel, in mir die Klarheit der Gedanken und die Entschlossenheit des Herzens. Die Sache war entschieden, die Lage überdeutlich. Jetzt musste nur noch gehandelt werden. Seltsam, dass man sich an solche Momente imaginierter Hellsichtigkeit noch Jahrzehnte später erinnert. Aber von ihnen ging jene Kraft und Leidenschaft aus, die in den siebziger Jahren sehr viele motivierte. In ihrem Widerschein gewannen selbst symbolische Aktionen eine Aura, die über den Augenblick hinauswies und ihm gerade dadurch eine besondere Bedeutung verlieh. Vier kurze Hauptsätze bildeten den roten Faden unseres Bewusstseins: Alles ist politisch. Alles ist öffentlich. Alles ist falsch. Alles wird anders.

Doch eine Frage stellt sich immer wieder: Wogegen waren wir damals eigentlich genau? Was hat uns bewogen, die bundesdeutsche Gesellschaft derart radikal abzulehnen und ihren

Umsturz herbeizusehnen? Nach all der Zeit und mit jedem weiteren Lebensjahr ist das schwerer zu beantworten. Hans Magnus Enzensberger hat schon vor vielen Jahren vor einer vermeintlich wissenschaftlich exakten Beantwortung dieser Frage kapituliert und empfohlen, Erinnerung und Reflexion über diesen »Tumult« in Form einer »Collage« zu gestalten.

Mein Bauchgefühl freilich weiß es sofort, und die Stichworte sind rasch zur Hand: Vietnamkrieg, das Schweigen der Nazi-Generation, autoritäre Lehrer, die mit dem Lineal auf unsere Fingerkuppen schlugen und im Unterricht von ihren Kriegserlebnissen mit »dem Russen« erzählten, gescheitelte Spießer am Jägerzaun, das Verbot, eine enge Jeans zu tragen, stundenlange Orgelmusik am Sonntagmorgen und kratzende Kniestrümpfe aus grober Wolle. Und natürlich: Ausbeutung und Elend in der »Dritten Welt«, die allein das »imperialistische System« zu verantworten hatte.

Aber der Kopf sagt: Moment mal. Der Sozialdemokrat Willy Brandt, der vor Hitler ins Exil nach Norwegen fliehen musste, war Bundeskanzler, der wirtschaftliche Wohlstand in der Bundesrepublik war so groß wie nie – 1974 betrug die offizielle Arbeitslosenquote 2,6 Prozent, selbst im Krisenjahr 1975 stieg sie nur auf 4,7 Prozent. Und: Niemals in der über zweitausendjährigen Geschichte germanischer Stämme war ein deutsches Staatsgebilde derart frei, friedlich und demokratisch gewesen – über die DDR haben wir uns damals sowieso wenig Gedanken gemacht. Schlimmer noch: Manche glorifizierten sie zum »besseren«, weil sozialistischen Deutschland.

Doch die Sehnsucht nach einer Revolte, gar Revolution, entsteht nicht zuallererst im Kopf. Sie ist keine Sache rationaler Überlegung, kein Resultat eines abwägenden Pro und

Contra. Schon die ersten Sätze der legendären Rede von Rudi Dutschke auf dem Vietnamkongress in Berlin im Februar 1968 dokumentieren eher die suggestive Wucht eines Gefühls als die Schärfe des Gedankens: »Genossen, Antiautoritäre, Menschen! Wir haben nicht mehr viel Zeit. In Vietnam werden auch wir tagtäglich zerschlagen … Es hängt primär von unserem Willen ab, wie diese Periode der Geschichte enden wird … Es lebe die Weltrevolution und die daraus entstehende freie Gesellschaft freier Individuen!«

Als Dutschke, die Ikone der 68er, sich und die fünftausend Zuhörer derart in einen Rausch redete, war ich elf Jahre alt und musste früh ins Bett. Mein Vater schimpfte über die langhaarigen Studenten – »alles Kommunisten!« – und forderte bei *Worscht* und *Äppelwoi* am Familientisch, dass »endlich einmal durchgegriffen« werden müsse. Ich verstand noch nicht wirklich, worum es ging, aber ein paar Jahre später beschimpfte er mich, inzwischen neunzehn, als »Anarchisten« und versuchte, mich am helllichten Samstagvormittag von einer Demonstration gegen die Fahrpreiserhöhungen der öffentlichen Verkehrsbetriebe in Frankfurt am Main abzuhalten.

Zufällig waren meine Eltern bei ihrem Wochenendeinkauf genau dort unterwegs, wo wir uns zur obligatorischen Samstagsdemo versammelt hatten. Ich stand auf einem sozialdemokratischen Betonkübel mitten auf der Einkaufsstraße Zeil, um die nahenden Wasserwerfer besser im Blick zu haben. Als alle Drohungen meines Vaters nichts halfen, griff meine Mutter mit einem seit Jahrhunderten erprobten Lockvogelangebot ins Geschehen ein: »Zu Hause gibt's Linsensuppe mit *Gref Völsings Rindswurst*!« Ich war sprachlos. Das konnte doch nicht wahr sein. Hier ging es um die Zukunft unserer Gesellschaft, und die Eltern, die man damals gern distanzierend-abwertend

»meine Erzeuger« nannte, hatten nichts anderes als Linsensuppe mit Einlage im Kopf!

Selbstverständlich blieb ich standhaft und straffte den Oberkörper, der in einer schweren Lederjacke steckte, umso mehr – mit dieser unfassbaren Peinlichkeit, die den umstehenden Kampfgefährten nicht verborgen blieb, trieb mich meine Mutter nur noch gründlicher ins Lager der Revolution. Dass sie glaubte, ich sei so billig für einen Verrat an der großen Sache zu haben, bewies nur die Verderbtheit der bürgerlichen Klasse, die dem alsbaldigen Untergang geweiht war. So zogen meine Eltern mit ihren *Hertie*-Tüten (Achtung, Konsumterror!) in der Hand unverrichteter Dinge von dannen, und die Straßenschlacht konnte beginnen.

Natürlich war dies alles auch ein Generationenkonflikt, ein Clash of Civilizations im eigenen Land, im Elternhaus, in der Schule, im Lehrbetrieb, an der Uni und im Rest der Republik. Die Revolte von 1968, misst man sie an ihren selbst gesteckten revolutionären Zielen, war Mitte der Siebziger längst gescheitert, doch ihre Motive wirkten weiter. Thomas Schmid, heute Herausgeber der *Welt*-Gruppe, beschrieb 1988 im Rückblick das Lebensgefühl der 68er, das auch noch die 78er, also meine Generation der zehn Jahre Jüngeren prägt, in treffenden Worten:

»Wer von 68 erfasst wurde, erinnert es als eine hinreißende, leidenschaftliche, überschwängliche Zeit: das selbstkonstitutive *Du* (kostbar, nicht die spätere Massenware); die freudige Entdeckung eines Mediums, das in der Agenda der bürgerlichen Gesellschaft nicht vorgesehen war: des Flugblatts und der Wandzeitung; morgens, in fremder Stadt, beim Frühstück in der Wohnung der Genossen, die man tags zuvor nicht kannte; der lustvolle Ausstieg aus der Ökonomie der Zeit, der Rausch der Selbstvergewisserung ... Nur wenige Generationen hatten das Glück, derart aus der Bahn geworfen zu werden wie die von 1968: derart ins Offene.«

Und es stimmt ja: Die Chuzpe, ja, die Frechheit und Selbstanmaßung, mit der dieser verhaltensauffällige Teil einer ganzen Generation die Umwälzung aller Lebens- und Arbeitsverhältnisse anstrebte, verblüfft bis heute. Doch immer dann, wenn ich wieder einmal ein paar alte Stücke vom Soundtrack der Revolte höre, erscheint all das wieder sehr plausibel, zumindest gefühlsmäßig. Die Rolling Stones, Bob Dylan und Jethro Tull, die Doors und Jim Morrison, Deep Purple und Velvet Underground, Eric Burdon und Lou Reed, Cat Stevens und Janis Joplin, nicht zu vergessen: Rio Reiser und *Ton, Steine, Scherben* – die Rock- und Popmusik dieser Epoche allein bestimmte schon ein Lebensgefühl, das die Fantasie beflügelte, Träume von einem anderen Leben, das hier und jetzt beginnen sollte. Es war auch die Musik zu einem großen Film mit einer tollen Story, die den Vorteil hatte, dass kein Produzent sie ablehnen konnte.

Man war auf »unverschämte Weise subjektiv«, wie Barbara Sichtermann einmal sagte, und lebte doch im Kollektiv. Der Freiheitsdrang war groß, so groß, dass viele schon mit 18 Jahren, nicht wenige sogar noch früher, das Elternhaus verließen, um woanders ihr Glück zu finden. Gleichzeitig gab es einen politischen Dogmatismus, angesichts dessen heute selbst Sahra Wagenknecht wie eine Salondame des 19. Jahrhunderts wirkt. Vieles schien spielerisch leicht, ironisch bis zur infantilen Albernheit; andererseits ging es stets um Sein oder Nichtsein, Leben und Tod, kurz: ums Ganze. Die Theorie war Königsdisziplin, doch die wirkliche Bewährung fand auf der Straße statt, in der »revolutionären Praxis«, in der Straßenschlacht, bei Hausbesetzungen und dem Sturm auf Rathäuser, bei Uni-Streiks und militanten Blockaden von Militäreinrichtungen.

Apropos: »Militanz«, also physische Gewalt, war im Namen der Sache erlaubt, wenn nicht geboten. Denn das Gewaltmonopol des Staates ließen wir nicht gelten, weil es das »Instrument der Herrschenden« war. Die Staatsgewalt war also illegitim, unsere Militanz dagegen, als Teil der Gegenwehr, prinzipiell gerechtfertigt. So brachen wir bürgerlich-demokratische Normen und setzten andere dagegen. Die Rebellion schuf ihr eigenes Recht. Noch als die Partei der *Grünen*, auch eine Art Folgeprojekt der 68er, längst im Bundestag vertreten war, gab es harte Debatten über die Anerkennung des staatlichen Gewaltmonopols. Unvergessen, wie Otto Schily als Rechtsabweichler und Hardliner gescholten wurde, nur weil er auf Grundgesetz, BGB und Strafgesetzbuch beharrte.

Gleichzeitig zeigte sich die Auflösung eines anderen Widerspruchs der einstigen Protestbewegung. So provokant antibürgerlich man sich stets gegeben hatte, so auffallend bürgerlich benahmen sich nun viele Altrevoluzzer. Gewiss, der Weg vom Rauschebart im olivgrünen Parka bis zu Joschka Fischers und Jürgen Trittins Maßanzügen war weit, doch im Kern kam die Mehrzahl der Rebellengeneration aus bürgerlichem Elternhaus; sogar einige Adlige waren dabei. Viele holten Cello und Geige wieder vom Dachboden, erinnerten sich an ihren Klavierunterricht und begannen, bürgerliche Tugenden wie Umgangsformen und eine gepflegte Redeweise wiederzuentdecken. Es war eine Rückkehr zu den Wurzeln, denn natürlich waren die meisten Ex-Revoluzzer, vor allem ihre redemächtigen Anführer, Töchter und Söhne des deutschen Bildungsbürgertums.

Als die große Reise Ende der sechziger, Anfang der siebziger Jahre des vergangenen Jahrhunderts begonnen hatte, war es zu einer Art »Klassenverrat« gekommen, zur bewussten Trennung von der eigenen sozialen und kulturellen Herkunft. Die konkreten Anlässe konnten sehr unterschiedlich sein – von der bedrückenden Enge eines pfälzischen Dorfes bis zum Militärputsch in Chile, vom autoritären, gar prügelnden Vater bis zur Faszination der Hippie-Kultur, die aus Kalifornien nach Europa schwappte. Allen gemeinsam war die Abkehr vom Elternhaus, von bürgerlichen Lebensverhältnissen, von Tradition und Erbe. Manch einer sah damals über Jahre seine Familie nicht mehr, auch nicht an Weihnachten. Die Kommunikation zwischen den Generationen brach ab, wie es nirgends sonst in Europa der Fall war. Nicht nur dieser Umstand spricht dafür, dass hier die Nazi-Vergangenheit Deutschlands eine entscheidende Rolle spielte.

Das Trauma von Verbrechen und Schuld einer ganzen Nation setzte sich fort. Dabei ging es nicht nur darum, die Eltern-Generation als Generation der Täter, Mitläufer und Feiglinge zu attackieren. Auch ihre Kinder, die moralischen Ankläger, die damals Anfang zwanzig waren, empfanden ein abgeleitetes Schuldbewusstsein, das sich jedoch bald in eine Art Hyper-Moralität verwandelte. Als könne man das schreckliche Versagen der Eltern und Großeltern im nachholenden »Widerstand« wieder gutmachen, präsentierte sich die Generation der Revolte als Rächer der Enterbten, als weiße, besser: rote Ritter gegen Faschismus, Imperialismus und alle anderen Übel dieser Welt. Noch die martialisch-irren »Kommandoerklärungen« der terroristischen *Rote Armee Fraktion* (*RAF*) zeugten von diesem pseudomoralischen Größenwahn, ganz so, als müsse das Böse nun für alle Zeit mit Stumpf und Stil ausgerottet werden. »Sieg oder Tod, Mensch oder Schwein!« lautete die Parole eines imaginierten Endkampfes. Wie nahe Baader, Meinhof & Co. damit der Nazi-Generation kamen, fiel ihnen natürlich nicht auf. Denn sie waren ja die Guten.

***

Die Sache mit der Linsensuppe hatte Folgen. Nach Ableistung meines 15-monatigen Grundwehrdienstes bei der Bundeswehr – damals musste man ein halber Heiliger sein, quasireligiöser Radikal-Pazifist oder schwerkrank, um nicht eingezogen zu werden – zog ich, spät genug, von zu Hause aus. Mit dem orangefarbenen VW-Transporter des AStA ging es in eine kleine Straße des Frankfurter Nordends – damals eine der urbanen Inseln der Sponti-Szene –, deren bekannteste Mitglieder Daniel Cohn-Bendit und Joschka Fischer waren. Es war meine erste Wohngemeinschaft, und damit betrat ich einen Zentral-Planeten des Sponti-Universums, einen neuen Kosmos, der ein lebendiger Gegenentwurf zur verkommenen bürgerlichen Existenz sein sollte, eine verschworene Gegengesellschaft, in der eigene Gesetze galten.

Natürlich sollte es keinerlei Hierarchie geben. Anders als bei der autoritären Familie, in der es – nicht selten gewalttätige – Machtverhältnisse zwischen Vater, Mutter und Kindern gab, wollten wir in einer Gemeinschaft der Gleichen leben, in der im Zweifel aufkommende Probleme ausdiskutiert werden. Dass dies nicht nur in der leidigen Putzfrage, sondern auch beim Einkaufen, Kochen, Spülen und sonstigen Haushaltsverrichtungen zu einigen Komplikationen führte, liegt auf der Hand. Was früher Mutti klaglos erledigt hatte, musste nun im Kollektiv gerecht und solidarisch aufgeteilt, das heißt auch: organisiert werden. Und zwar bis ins Detail.

Aber was bedeutet das schon, wenn der WG-Haushalt sich zugleich als Teil einer weltweiten Befreiungsbewegung versteht? Wenn die Zustände in Nicaragua oder El Salvador viel näher und dramatischer schienen als der bedenkliche Zustand der eigenen Badewanne, wenn die Vorbereitung des nächsten Uni-Streiks nun wirklich dringlicher war als Staubsaugen im Flur? Außerdem waren da noch die Geli und der Hans-Jürgen, die zum Anti-Repressionskongress aus Bielefeld anreisten. Für sie mussten noch Schlafplätze gefunden werden. All das überstieg die engen Grenzen kleinlicher bürgerlicher Ordnungsvorstellungen. Hier ging es ums Ganze.

Dazu kam: Zu unterschiedlich waren die Bedürfnisse und Voraussetzungen, zu groß der Anspruch, ein wirkliches Kollektiv zu sein, das Herbert Marcuses Wort von der »neuen Sensibilität« ernst nahm. »Das isolierte narzisstische Individuum«, so meinten damals viele, müsse erst einmal »gruppenfähig« werden. Klar: Wir alle schleppten noch die bürgerliche Schlacke mit uns herum, die psychischen Deformationen unserer Vergangenheit, den neurotischen Panzer der autoritären Erziehung.

Hatte der eine noch mit seinem ausgeprägten Mutterkomplex zu kämpfen – Kochen und Spülen war so gar nicht »sein Ding« –, so war der andere ein zwanghaftes Sparbrötchen mit elterlichem Nachkriegstrauma und Migrationshintergrund aus dem Hunsrück, der die Wurstscheiben beim Metzger auch mal einzeln abwiegen ließ. Da durfte es gern ein bisschen weniger sein. Resultat: Der Kühlschrank war oft gähnend leer. Dafür tat er sich beim Verbrauch des Toilettenpapiers hervor, was auf eine ungelöste frühkindliche Analfixierung schließen ließ.

Kurz: Unser Credo hieß zwar »Das Private ist politisch«, doch das half im konkreten Fall nicht viel. Das »dialektische

Verhältnis zwischen subjektiver und objektiver Befreiung« versandete allzu oft im progressiven Alltag. »Was wollt ihr eigentlich verändern in dieser Gruppe, wenn ich jeden Tag für alle abwaschen muss?!«, hatte sich eine Genossin der *Kommune 2* schon 1967 beschwert. Die Frage blieb auch zehn Jahre später noch im Raum stehen, irgendwo zwischen Gasherd, Durchlauferhitzer und Gewürzregal (das man auch schon längst mal hätte aufräumen sollen).

Dennoch entfaltete unser neuer Kosmos von Anfang an seine ganz eigene Faszination, die die Alltagsprobleme fürs Erste überstrahlte. Die WG war befreites Territorium und Rückzugsgebiet, Brückenkopf und Reservat in einem, die wärmende Vorhöhle eines anderen Lebens. Mag sein, dass in ihr viele auch deshalb häufig nackt herumsprangen. Mir sind noch viele Bilder im Kopf, die sich vielleicht wirklich nur aus dem Umstand heraus erklären lassen, dass wir damals noch einmal Urszenen aus dem Paradies nachspielten – freilich ziemlich unbewusst. Dann stand die Claudia aus dem dritten Stock eben komplett nackt in der Wohnungstür und holte das Olivenöl aus der Küche. »Danke, ich bring's gleich wieder runter«, sagte ich.

Dass die Wohngemeinschaft auch schlicht eine Ersatzfamilie war, gestanden wir uns erst viel später ein. Jetzt fühlten wir uns erst mal frei und ungebunden. Wir waren unter uns, ohne Aufsicht, ohne irgendeine Autorität, die uns hätte sagen können, was wir tun sollen. Wir schliefen lange, gingen zur Uni oder zur Arbeit und erzählten abends brühwarm von den Abenteuern des Tages. Doch auch dann gab's keine Pause. In meinem *Roten Kalender – gegen den grauen Alltag* aus dem Jahre 1977 finden sich etwa in der dritten Märzwoche folgende Originaleintragungen:

*»20 Uhr Peter KKW-Gruppe. Kisten besorgen (Vorb. f. Akt.).
20 Uhr Beethovenstr. 28 (KSG) AG Westend Bericht d. Aktivitäten. Diskussion über OrgStr-Vorschlag. Gildestuben/Delegiertenrat.
19.30 h Vorlage zur OrgStr d. BI Ffm. Panik-TV verständigen (Hamburger Allee).
20 Uhr KOZ Aktion vorbereiten. Stadtteil-KKW-Aktion geplant.
11 Uhr Detlef. Gewerkschaftshaus Wilhelm-Leuschner-Str. 19 h Charta 77. BI-Plenum (Haus der Jugend). Manfred anrufen.
10.30 TAT Matinee Charta 77. 11 h AStA-Druck f. Wanzen. 19 h Bärbel. Umzug.«
Auch die letzte Aprilwoche 1977 hatte es in sich:
R 2901 16 h K. H. Roth-Seminar. 20 h Sponti-Plenum KOZ.
14 h KOZ. 20 h Stadtteilgruppe. Weißes Tuch, Kuchen, Musik. Demo gegen Stammheim.
Uni-VV 14 h H VI. 19.30 Gildestuben. Treffen d. Stadtteilgruppe. Urteilsverkündung in Stammheim. Plädoyers der RAF-Verteidiger in Frankfurt.
19 h Volksbildungsheim. Batschkapp.
1. Mai Fressgass 16 h. Konrad-Broßwitz-Heim soll geräumt werden. Demo. Abends Batschkapp.«*

So ging das seinen sozialistischen Gang. Am Ende, irgendwann in der Nacht, landete man wieder in der WG. Man lief ins Nachbarzimmer, setzte sich in den Ohrensessel, Baujahr 1910, und quatschte los. Das konnte sich ziehen, denn neben der Weltlage und dem Sponti-Plenum, zwischen dem Seminar *Soziale Herrschaft II* und der Stadtteilgruppe gab es ja auch noch die »Beziehungskiste«.

So sehr wir uns die Köpfe über Politik heißredeten – am meisten sprachen wir doch über uns selbst, unsere Beziehungen, über Freunde, Genossen und deren Probleme mit ihrer

»Identität«, Selbstwertgefühl und Vaterkomplex. Überall wollten wir der Sache auf den Grund gehen. Der Glaube, die richtige Analyse der Ursachen sei Bedingung für die Lösung unserer persönlichen, genauer: psychischen Probleme, verband uns mit Sigmund Freud, der nicht zufällig eine Renaissance erlebte. Eine umfangreiche Sekundärliteratur versuchte damals, Psychoanalyse und Kapitalismuskritik zusammenzubringen: *Angst im Kapitalismus* lautete der Titel eines Bestsellers, der suggerierte, mit diesem verschwände auch jene. Das Buch *Angst im Sozialismus* freilich suchte man vergeblich.

Aber klar, es ging ja um uns, und bei aller Heimeligkeit unseres vorrevolutionären Nestbaus, bei aller Freude über die anarchistische Ungezwungenheit des Daseins waren wir häufiger auch »beschissen drauf«, hatten »irgendwie Schwierigkeiten«, waren »echt betroffen« und fühlten uns manchmal einfach »nur total vollgelabert«, ohne mit den inneren Widersprüchen, an denen wir zu leiden hatten, »irgendwo klarzukommen«, wenigstens »ein Stück weit«.

Der Jargon der »Betroffenheit« ist längst zum Kabarettklassiker und Gegenstand wissenschaftlicher Spracherforschung geworden, aber wir meinten es ernst. Man kroch gleichsam in den anderen hinein und versuchte, das Innerste nach außen zu kehren. Wir wollten doch verstehen, was los war. Leider verhedderten sich nicht wenige dabei in pseudoanalytischen Endlosschleifen, aus denen sie kaum mehr herausfanden.

Vor allem das Mann-Frau-Ding sorgte für praktische wie theoretische Konfusionen, die am Ende nicht selten in getrennter Formation – hier die Frauengruppe, dort die Männergruppe – irgendwie »aufgedröselt« werden mussten. Manche gingen gleich zum Psychotherapeuten um die Ecke. Dabei glichen unsere erotisch-sexuellen Verwicklungen nicht etwa jenen, die es seit Agamemnon und Klytaimnestra, seit Romeo und Julia gab, nein, bei uns war alles viel, viel komplizierter. Allein die soziologische Einteilung der männlichen Population in »Chauvis« und »Softies« sorgte für viel Arbeit am verdächtigen Subjekt, zumal es rein taktische Softies gab, Opportunisten also, die im Kern knallharte Kerle waren, aber so taten, als seien sie die Speerspitze des Feminismus. Andererseits tigerten auch Lederjackentypen durch die Prärie, die eigentlich ein weiches Herz hatten und ihre Schüchternheit hinter der Straßenkämpfer-Attitüde verbargen. Diese spezielle Mischung wiederum konnte durchaus Frauen anziehen, die sonst jedem »Macho« die rote Karte zeigten.

Zu alldem gesellte sich noch jenes Mantra von der »Befreiung der Sexualität«, das seit den Zeiten von Fritz Teufel und Dieter Kunzelmann, Rainer Langhans und Uschi Obermaier in der *Kommune 1* zu einem »Knackpunkt« der Revolte geworden war. Die provokative Frage »Was geht mich Vietnam an, solange ich Orgasmusschwierigkeiten habe?« avancierte zum geflügelten Wort. Im Klartext: Der revolutionäre Kampf machte auch vor Hochbett und Schaumgummimatratze nicht halt, ja, nicht einmal vor dem Intimsten, dem Geschlechtsakt selbst, Vorspiel inklusive. Da ging es ans Eingemachte, und vor allem sensibel-selbstkritische Softie-Männer verloren sich zuweilen in obskuren Selbstbezichtigungen, die sie auch noch in aller Öffentlichkeit vortrugen.

Denn unterdessen war auch noch das Wort vom »Schwanzficken« geboren worden, ein feministischer Kampfbegriff gegen die tendenziell gewalttätige »Penetration« des weiblichen Geschlechtsorgans, bei dem die Lust des Mannes entscheidend war und nicht die der Frau. Deren sexuelle Bedürfnisse würden, so der Vorwurf, unterdrückt, ignoriert oder vernachlässigt. Alice Schwarzer hatte mit ihrem 1975 erschienenen Buch *Der kleine Unterschied und seine großen Folgen* das Stichwort geliefert, und so geriet das »Sexmonopol des Penis« (Schwarzer) in arge Bedrängnis. Vor allem der Softie fühlte sich angesprochen und nachhaltig verunsichert.

»Die Vögel-Situation ist sehr oft nicht in der Lage, Distanz und Einsamkeit aufzuheben«, klagte einer von ihnen im Frankfurter Spontiblatt *Pflasterstrand*, Ausgabe 21/1977, im neuen Sprachduktus der Betroffenheit. Äußerst anschaulich berichtete er, wie es sich anfühlte, »beim Vögeln plötzlich 5 km weit weg zu sein, getrennt von meinem Schwanz, vollkommen allein«. Was er sagen wollte: »Es geht um das Auseinanderfallen von unseren männlichen Vorstellungen über das Vögeln und unserer realen männlichen Vögel-Praxis.« Ein wahres Drama des »Phallozentrismus«, das nicht selten in den »Beziehungskrampf« mündete, ein Gewirr aus Identitätsproblemen, Eifersucht und Minderwertigkeitsgefühlen. Das Patriarchat jedenfalls war nur noch ein Schatten seiner selbst.

Die »Chauvi«-Antipoden sahen hier freilich »fiese Typen« am Werke, die »ein offenes Ohr für Sorgen und Nöte haben und die weibliche Katastrophe wittern wie Fliegen die Kacke. Sie handeln nach dem Motto ›Wird schon werden, ich helf' dir auf die Beine, Kleines‹. Doch schon ist die väterliche Hand gezückt, um das wollüstige Geschäft einzuleiten. Furchtbar sag ich euch.«

Rasch fand sich in der *Scene*, sprich »*Ssiieen*«, die treffende Beschreibung des hinterhältigen Vorgangs: »eine Frau über die Bettkante labern«. Die Satirezeitschrift *Titanic* wollte bei den Streichelexzessen der Generation Softie sogar »aufgeweichte Hände« beobachtet haben, der Anfang vom Ende des männlichen »Körperpanzers« (Klaus Theweleit).

Trotz Spott und Häme: Neue Männer brauchte das Land! So schmetterte es Ina Deter 1982 durch die Republik, und so forderten es viele Frauen. Männer, die sich auf Frauen »einlassen«, sich auch mal »total fallenlassen« können und überhaupt ein bisschen weiblicher werden, offener, aufmerksamer, sensibler. »Devenir femme!« (»Werdet wie die Frau!«), forderten Intellektuelle in ganz Europa. Der Franzose Roger Garaudy veröffentlichte 1982 gar ein Buch mit dem Titel: *Der letzte Ausweg. Feminisierung der Gesellschaft.*

Zehn Jahre später stand die folgende Kleinanzeige in der *Deister- und Weserzeitung*: »Am Sonnabend, dem 21.3.1992 um 20 Uhr trifft sich die Ottensteiner Männerselbsthilfegruppe. Martin referiert zum Thema: *Wir ribbeln uns einen Rentierpullover*. Anmeldung bei Kai. Traut Euch!«

Ich schwöre: Das haben wir nicht gewollt! Aber es gab ja noch den zweiten Planeten der *Scene*: »das Projekt«. Jeder hatte damals irgendein Projekt am Laufen oder war daran beteiligt. Es handelte sich um eine Art alternatives Start-up, das Ding an sich, ein konkretes Medium der revolutionären Selbstverwirklichung. Von der selbstbestimmten Autowerkstatt bis zum »Druckladen«, vom Zeitungsprojekt bis zum Kommunikationszentrum, vom linken Anwaltskollektiv bis zum Körnerladen bildete sich ein ganzes Netzwerk alternativer Ökonomie heraus. Nicht zu vergessen all die Cafés, Konzertschuppen, Frauenbuchläden und jene verrauchten Kneipen, in denen bei Bier und Zigeunerschnitzel alles noch mal »bequatscht« wurde, ganz locker und entspannt, logisch. Es sei denn, irgendjemand hatte gerade »Beziehungsknatsch« und war »voll schlecht drauf«.

Irgendwann jedenfalls entstand auch der Traum eines alternativen Gemischtwarenladens, der Produkte der Subkultur anbieten sollte, darunter auch Bücher. Es durften aber nicht zu viele sein, höchstens zweihundert, damit noch genug Zeit für das kritische Gespräch mit dem Käufer blieb. Eigentlich wollte man ja auch gar nichts verkaufen, schon gar keinen Profit machen, denn das widersprach unserem Wunschbild einer antikapitalistischen, rein gebrauchswertorientierten Gesellschaft. Die Projektmacher hatten ihre liebe Not, das irgendwie unter einen Hut zu bringen. Also schrieben sie:

»Wir müssen im Laden klarmachen, dass wir kein Dienstleistungsbetrieb sind, dass wir gegen Geld, Tausch und den ganzen kapitalistischen Dreck kämpfen. Wir müssen den Kapitalismus in unserem Laden dauernd bekämpfen.«

Ohne es zu wissen, formulierten die Genossen des Gemischtwarenladens damit jene Aporie, die die Revolte nie überwinden würde: im Laden den Laden bekämpfen, verkaufen, ohne verkaufen zu wollen, Waren anbieten, die keine Waren sein sollten. Die Quadratur des Kreises. Das Ergebnis war jene »alternative Selbstausbeutung«, die nur deshalb eine Zeit lang zu ertragen war, weil das Bewusstsein, sich dabei selbst zu verwirklichen, den kargen Lohn aufwog.

Ein ganz besonderes Start-up der linken Szene war das »alternative Zeitungsprojekt«. Es war die Speerspitze jener »Gegenöffentlichkeit«, die man den »verlogenen bürgerlichen Medien« entgegensetzen wollte. Und es hatte einen großen ideologischen Vorteil: Hier ging es wirklich zuallererst um geistige Werte, wenn man will, um den »Gebrauchswert«: Information, Aufklärung, Debatte. Dass man daraus bösen kapitalistischen Profit schlagen würde, stand eher nicht zu befürchten. Die 1979 gegründete *taz*, heute bloß noch eine unter vielen anderen Tageszeitungen, kämpft immer noch ums Überleben. Als Anfang der siebziger Jahre die ersten regelmäßigen Publikationen der undogmatischen, parteiunabhängigen Linken erschienen, spielte die emphatische Begeisterung für dieses vorsintflutliche Facebook mit Tweets auf Papier und Druckerschwärze eine wichtige Rolle. *Twitter* hieß noch *Ticker*, *Twix* war *Raider*, und das Layout wurde mit Schere und Klebstoff zusammengeleimt. Hauptsache, man war mit Leidenschaft dabei.

Idealtypisch der erstmals Ende Juni 1973 erschienene *Informationsdienst zur Verbreitung unterbliebener Nachrichten* (*ID*), der mit einer Wochenauflage von 500 Exemplaren an den Start ging. Es galt das basisdemokratische Jedermann-Prinzip: Jeder durfte schreiben, und fast alles wurde gedruckt. Weil man damals jeden redaktionellen Eingriff als »Zensur« betrachtete, gab es nur ein kleines lockeres Arbeitskollektiv, das die Texte sichtete und in einigermaßen druckreife Form brachte. Mehr nicht. Der unverfälschte Originalton der Wirklichkeit sollte zur Sprache kommen, das Authentische, Unmittelbare, auch Randständige, das überall sonst unter den Redaktionstisch fiel. Und so war es völlig normal, dass selbst die absurdesten Kommandoerklärungen der *RAF* in voller Länge abgedruckt wurden, ausführliche Briefe von Gefangenen aus dem »Knast«, Aufrufe zu Demonstrationen, Hausbesetzungen und anderen Aktivitäten, die nicht immer nach Recht und Gesetz abliefen.

Die Auflage stieg rasant, und bald wurde der Geheimtipp der Szene sogar im Deutschen Bundestag zitiert, allerdings so, als handle es sich um ein Sprachrohr des terroristischen Untergrunds. Abenteuerlich war es allerdings schon, wenn die Druckbögen in einem Frankfurter Hinterhof ankamen und auf eine ratternde Falz- und Heftmaschine gelegt wurden, die noch Johannes Gutenberg persönlich gebaut haben mochte. Alle verfügbaren Genossen schufteten stundenlang an dem rumpelnden Fließband-Ungeheuer, an dessen Ende sich die fertigen Exemplare stapelten. Mit einer kleinen Transportflotte aus reparaturanfälligen 2CV, Renault 4 und VW-Käfer wurden sie zur Post und in die Szene-Kneipen gebracht, wo manch einer sich gleich in seinen eigenen Text vertiefen konnte. Die Druckerschwärze dampfte noch – ein unvergesslicher Geruch von Freiheit und Abenteuer. Und ein beinahe autarker Kreislauf entstand, in dem idealerweise der Leser Autor war und der Autor sein erster Leser. Hier hatte die von Marx, Adorno und Marcuse wortreich analysierte Entfremdung des kapitalistischen Arbeitsprozesses keine Chance.

Doch es kam der Tag, da sich Risse im selbstbestimmten Kreisverkehr zeigten. Immer häufiger gingen den *ID*-Leuten all jene Texte auf den Nerv, die stets »mit Wut, Trauer und Betroffenheit« von den »Schweinereien der Herrschenden« berichteten: Nicht nur der öde Jargon, sondern auch die wenig originelle Betroffenheitsprosa in schlechtem Deutsch, die Litanei des Schreckens, der immer gleich klingende Jammer, das hohle Pathos der Erniedrigten und nicht zuletzt jene linke Vereinsmeierei, bei der jeder glaubt, allein sein Projekt sei überlebenswichtig für die Zukunft der Menschheit. Also wurde gekürzt, redigiert, umgeschrieben. Immer öfter wanderte ein achtseitiger, einzeilig getippter Endlos-Text einfach in den Papierkorb. Es war das Ende der reinen Lehre. Die Professionalisierung war nicht mehr aufzuhalten. Arbeitsteilung, Spezialisierung und Entfremdung folgten ihr auf dem Fuße. Plötzlich übte man das aus, was eben noch als Verrat galt: einen bürgerlichen Beruf.

Länger immerhin hielt sich das Hochamt der linken Gegenöffentlichkeit, das »Teach-in«. Eigentlich war es, wie so viele Errungenschaften der weltweiten Protestbewegung, eine

Erfindung aus Amerika – ebenso wie »Go-in« und »Sit-in« –, doch zur wahren Blüte reifte es in der Bundesrepublik, die wir nur »BRD« nannten. Das erleichterte die Abgrenzung.

Das »Teach-in« war die Agora der Szene, Marktplatz, Versammlungsort und Kultstätte in einem, im besten Fall ein Ort von Debatte und Selbstaufklärung, im schlimmsten Fall die Bühne für Propagandisten und Fanatiker, die sich um das Saalmikrofon balgten und notfalls schon mal zum mitgebrachten Megafon griffen. Ob es um die Hochschulreform oder den aktuellen RAF-Hungerstreik ging, um Nicaragua oder Atomkraft – im Saal drängten sich oft mehr als tausend Menschen, dicht an dicht. Viele standen in den Ecken und Eingängen, saßen rund ums Podium oder hockten gleich unterm Katheder. Es war auch die Bühne eines Theaters, in dem die Stimmung der erwartungsvollen Massen hin und her wogte. Empörung und Gelächter, Hochtheoretisches und platte Polemik wechselten einander ab. Es gab zwar nichts zu trinken, aber ein wenig Bierzeltatmosphäre schwang mit, freilich immer wieder gebändigt durch die intellektuelle Anstrengung des Gedankens, die dünne, sauerstoffarme Luft der Abstraktion. Umso konkreter drängte es später die Massen an die Zapfhähne.

So war das Teach-in Teil einer linken Erlebniskultur, ein »Event«, wenn auch nicht immer ein kultureller Höhepunkt. Das Schöne: Man konnte kommen und gehen, wie es beliebte. Formal waren alle gleich, und jeder durfte das Wort erheben. Tatsächlich aber übten sich hier vor allem die politischen Matadore der linken Szene in revolutionärer Rhetorik. Nicht wenige tauchten später in der großen Politik wieder auf.

Etwas verschwommen erinnere ich mich noch an Momente im Hörsaal VI der Frankfurter Universität, in denen der »herrschaftsfreie Diskurs« à la Habermas in eine handfeste

Schlägerei umzukippen drohte. Meist blieb es jedoch bei Rangeleien und wüsten Beschimpfungen à la »konterrevolutionäres Verräterschwein« und »stalinistischer Giftzwerg«. Apropos Zwerg: Als Egon Bahr, der eigentliche Architekt der Ost- und Entspannungspolitik von Bundeskanzler Willy Brandt, einmal im Hörsaal VI auftrat, riefen einige Unverbesserliche hasserfüllt im Chor: »Egon, Egon, Friedenszwerg, setzt die Rüstung mit ins Werk!«

Hier und da kam es auch zu prophetischen Drohungen im Blick auf die Zukunft nach einer erfolgreichen Revolution. So stellte der *Kommunistische Bund Westdeutschland* (*KBW*) im Herbst 1976 den damals 31-jährigen Daniel Cohn-Bendit vor eine schicksalhafte Wahl. Originalton *Kommunistische Volkszeitung*: »Es gibt nur zwei Möglichkeiten. Entweder er wird von der Arbeiterklasse eine nützliche Arbeit zugewiesen bekommen, etwa in einer Fischmehlfabrik in Cuxhaven, oder er wird während der Revolution durch die Massen an den nächsten Baum befördert.«

Der ideologische Kampf zwischen Spontis und Maoisten, Trotzkisten und Revisionisten, Freunden des bewaffneten Kampfes und fortschrittlichen Theologen beschränkte sich eben nicht nur auf den Austausch von Argumenten. Erbittert wehrten sich etwa Sprecher der maoistischen *K-Gruppen* gegen die »bürgerlichen Gräuelmärchen« vom »angeblichen Völkermord« in Pol Pots Kambodscha – im Rückblick ein besonders gruseliger Moment politischer und moralischer Verblendung. Dazu kamen die üblichen Querulanten, Wichtigtuer und Nervensägen, die die Anwesenden oft nur durch minutenlanges rhythmisches Klatschen zum Schweigen bringen konnten. Obligatorisch waren lautstarke Zwischenrufe wie »Mann, werd' doch mal konkret, ey!«, spontane Sprechchöre –

»Müller, Meier, Klingelstein, einer wie der andere Schwein!« – und gezielte Eierwürfe in Richtung Podium, wobei es einige Genossen zur wahren Meisterschaft brachten. Auch Tomaten und Äpfel waren beliebte Wurfgeschosse, vor allem dann, wenn sich Vertreter der herrschenden Klasse in die Höhle des Löwen wagten – ein amtierender Kultusminister etwa. Eine kleinere Saalschlacht war in diesem Fall kaum zu vermeiden.

So oder so ging es anschließend zur kritischen Nachbetrachtung in die umliegenden Gaststätten, darunter sogar bürgerliche Destillen wie das *Eppstein-Eck* und die *Wielandstubb*. Die Politik rutschte nach 22.30 Uhr wieder ins Private rüber, das ja immer auch politisch war. Das Motto »Global denken, im Lokal handeln« entsprang eben nicht nur der Ironie eines Toilettenspruchs. Überhaupt war die Abendgestaltung in den Siebzigern ein geradezu osmotischer Austausch politischer Termine und privater Verabredungen. Der Übergang zwischen Aktionen auf der Straße und ausgelassenen Partys in der Wohngemeinschaft war fließend.

Das eine ging ins andere über oder war dessen Fortsetzung mit anderen, meist alkoholgestützten Mitteln. Das, was heute großspurig Work-Life-Balance genannt wird und Gegenstand gesellschaftskritischer Reportagen in *stern*, *Bunte* und *Brigitte* ist, war ein gleichsam naturwüchsiges Ineinandergleiten der unterschiedlichsten Arbeits- und Lebenssituationen, eine ganz eigene, dabei vielfältige Einheit von Raum und Zeit, wie es sie sonst eher auf der Theaterbühne gibt.

Niemand brauchte in dieser verdichteten Lebensphase mit prallem Imaginationsüberschuss einen Veranstaltungskalender, wie ihn heute die Hochglanz-Stadtmagazine auf Dutzenden von Seiten präsentieren. Auch Kontaktanzeigen waren (noch) nicht nötig. Man wusste sowieso, wo man abends hinging, siehe *Roter Kalender*, und es gab keine schöneren Gelegenheiten, Fühlung zum anderen Geschlecht aufzunehmen, als in der Aktionsgruppe, beim »Teach-in« oder auf der Demo, beim Transparente malen, Flugblätter schreiben und Infos verteilen. Besonders einfallsreiche Geister, die sich beim Ausdenken witziger und schlagkräftiger Parolen hervortaten, ernteten schon mal einen strahlenden Blick von der Genossin, die ein paar Meter weiter ihr Plakat mit der mundartlich inspirierten Aufschrift »Jeder Stein, wo abgerisse, werd' von uns zurück geschmisse!« hochhielt. Nicht wenige der kreativen Sprüche-Klempner landeten später in der PR- und Werbebranche.

Wenn es dann gegen die Bullen ging, ergaben sich zahllose weitere Möglichkeiten beiderseitiger Annäherung. Gemeinsam war man stark, und wenn doch einmal ein Augenblick der Schwäche drohte, war es umso schöner, ihr zu zweit den Kampf anzusagen. Ohne es auch nur zu ahnen, half der unmittelbare Feind – die Polizei – bei der Festigung der erotischen Frontbildung. Denn besonders gern verprügelten die Beamten schreiend flüchtende Blondinen – ein Umstand, der neben einer schlüssigen psychologischen Erklärung vor allem den Widerstandsgeist der männlichen Demonstranten herausforderte.

Obwohl bürgerliche Galanterie aus politischen Gründen abgeschafft war – die emanzipierte Genossin hatte schließlich die gleichen Rechte und Pflichten wie ihr Kampfgefährte, ob beim Reifenwechsel oder im Straßenkampf –, so ergaben sich doch immer wieder Chancen, im entscheidenden Augenblick wenigstens praktische Solidarität zu üben. Das Motto »Hart gegen die Bullen, zart im Bett« traf die Sache durchaus. Wer es gern etwas metaphysischer haben wollte, murmelte einfach:

»Solidarität ist die Zärtlichkeit der Völker.« Die Zärtlichkeit von Volker, Thomas, Norbert und all den anderen war darin selbstverständlich eingeschlossen. Wenn sie sich schließlich doch ein bisschen wie Kavaliere alter Schule schützend vor bedrängte Genossinnen stellten, war das Glück des Tages schon gerettet. Womöglich wäre hier »Fight-Love-Balance« der zeitgeistnahe Modebegriff gewesen, doch modisch wollte sowieso keiner sein.

Ich jedenfalls lief jahrelang mit derselben schweren Lederjacke herum. Im Winterhalbjahr trug ich ein schwarzes Halstuch, das im Notfall, etwa bei einem Tränengaseinsatz der Polizei, auch als provisorischer Mund- und Augenschutz diente. Ganzjährig baumelte ein schwarzer Stern um meinen Hals. Die Haare fielen schulterlang herab, und die dünnen Beine steckten in den obligatorisch engen Jeans, allerdings ohne die heute modischen Applikationen. Ich besaß zwar noch ein paar andere Klamotten, aber wer tagtäglich die Welt verändern will, kann sich nicht auch noch um die Kleiderordnung kümmern.

Fast alle sahen damals so aus, und ich erinnere mich noch an den ästhetischen Schock, als ich Jahre später, auf der Suche nach den Spuren der Vergangenheit, einmal über den Campus der Frankfurter Universität ging. Viele Studentinnen sahen aus, als wollten sie sich für *Germanys Next Topmodel* bewerben, und die jungen Männer schienen allesamt auf dem Weg zum Büro ihrer Unternehmensberatung zu sein – perfekt frisiert, mit Sakko, erdfarbener Bugatti-Hose und eleganten Lederschuhen.

Eine Generation früher war die Formlosigkeit noch zum Programm erhoben worden. So scharf und leidenschaftlich man »inhaltlich« diskutierte, so nachlässig, ja verächtlich ging man mit vermeintlichen Äußerlichkeiten um. Berühmtestes

Symbol dieses Protests gegen jede Formgebung, die auch nur den Verdacht erregen konnte, einem bürgerlich-arkadischen Schönheitsbegriff zu entspringen, war die lilafarbene Latzhose. Für ein paar Jahre avancierte sie zum Lieblingskleidungsstück feministisch gesinnter Aktivistinnen. Doch auch einige Männer, vorwiegend von Obelix-hafter Gestalt, trugen dieses sackartige Ganzkörper-Kondom mit breiten Hängeträgern, Brusttasche und schlabbernden Hosenbeinen. Bei den Frauen kam verschärfend hinzu, dass sie auf den BH verzichteten. Der BH war das letzte verbliebene Korsett, das die Frau zum Objekt männlicher Zurichtung machte, zum Opfer einer sexuell manifestierten Herrschaft.

So ungefähr lautete die theoretische Begründung. Praktisch war es natürlich schon toll, einfach Pullover oder T-Shirt drüberzuziehen – und fertig. Andersherum ging's noch schneller. Das lästige Herumdoktern am BH-Verschluss war kein Thema mehr. Die Formfrage musste demgegenüber zurückstehen. Zwar lag die unmissverständliche Kampfansage an reaktionäre Büstenhalter, erst recht an Dirndl-Dekolletés und andere frauenfeindliche Zurschaustellungen einzelner Körperregionen, im allgemeinen Trend, doch bei der Latzhose verstärkte sich noch der Eindruck, es handle sich um eine Burka-ähnliche Verschleierung des Körpers, um ihn vor begehrlichen Blicken zu schützen.

Der Kontrast zur ungezwungenen Nacktheit in der WG war umso merkwürdiger – zugleich aber ein Vorzeichen dessen, was heute als »Gender Mainstreaming« gefeiert wird: Die allmähliche Angleichung der Geschlechter, nachdem die Existenz der Frau schon längst zur »sozialen Konstruktion« erklärt worden war. Die »heterosexuelle Identitätsnorm« sei, so hieß es im schönsten Soziologinnendeutsch, das Ergebnis »gesellschaftlicher Dressurtechniken«. Im Originalton der führenden Feministin Judith Butler: »Wenn wir den kulturell bedingten Status der Geschlechtsidentität als radikal unabhängig vom anatomischen Geschlecht denken, wird die Geschlechtsidentität selbst zu einem freischwebenden Artefakt« – zum Produkt unseres Willens also.

Ein bisschen stimmte es ja: Ohne BH, mit dem passenden Kurzhaarschnitt und einem Schuss Burschikosität waren manche Latzhosenträgerinnen von den männlichen Modeverweigerern kaum zu unterscheiden. Nur die zierliche Lissi, unsere wunderbare AStA-Kollegin, blieb Minirock und High Heels immer treu, was ihrer politischen Haltung ebenso wie ihrer Autorität als angehende Anwältin keinerlei Abbruch tat.

Doch auch die Männer verfügten neben dem hängenden Stoffzelt mit Hosenlatz noch über weitere Möglichkeiten, ihr Geschlecht als reaktionär-patriarchalische Konstruktion zu entlarven. Schon ein übergroßer, grob gestrickter Pullover mit Ärmeln so lang wie ein Elefantenrüssel machte jeden zum *Martin* à la Diether Krebs (»Ich bin der Martin, ne«), der sich und sein »machistisches Ego« gerne zum Verschwinden bringen wollte. Wenn er dann auch noch im *Stattcafé* die riesige Schüssel Milchkaffee in beide Hände nahm, um sich zu wärmen, während er die lauwarme Brühe schlürfte, konnte mit Fug und Recht behauptet werden: Von diesem Individuum, einst als kleiner kerniger Uwe geboren, geht keine Gefahr mehr aus für den Rest der Menschheit. Schon gar nicht für die weibliche Hälfte des Himmels.

Heute, beinahe vier Jahrzehnte später, staune ich selbst über all das, und doch kommt es mir zuweilen vor, als wäre es gestern gewesen. Ganz deutlich sehe ich noch die Gesichter vor mir, höre die Stimmen und das Lachen all derjenigen, die einen Großteil meines Lebens ausmachten. Das gnädige Teelicht sentimentaler Erinnerung fällt über Begebenheiten, für die man sich im hellen Schein des Tages eigentlich eher schämen müsste. Aber vielleicht war die Vertreibung aus dem Paradies der schönen Illusionen schon Strafe genug. Denn natürlich hat sich die profane Wirklichkeit, das übermächtige Realitätsprinzip, am Ende gegen unsere Träume durchgesetzt.

So mehrten sich Anfang der achtziger Jahre die Auflösungserscheinungen des Sponti-Kosmos. Die schützende Hülle der tief empfundenen Gemeinsamkeit zerbrach, und wir zerstreuten uns in alle Winde, hinein ins ungeschützte Abenteuer des echten wahren falschen Lebens. Viele verloren sich für Jahre aus den Augen, und dennoch blieben Freundschaften über Jahrzehnte erhalten. Andere sind schon gestorben und dennoch präsent in der Erinnerung der noch Lebenden. Vor allem bei Trauerfeiern und runden Geburtstagen wird der Abschied von gestern immer wieder neu begangen, und die Gespräche auf den nach-revolutionären Familientreffen scheinen genau dort weiterzugehen, wo sie vor Jahren oder Jahrzehnten unterbrochen wurden – im Wärmestrom einer gemeinsam erlebten Vergangenheit. Vielen war damals, im Widerschein der großen Enttäuschung, allerdings gar nicht bewusst gewesen, wie sehr sie tatsächlich zur Veränderung der Bundesrepublik beigetragen hatten – im Guten wie im Schlechten.

Mein eigener – emotionaler wie rationaler – Double-bind lässt sich mit wenigen Worten beschreiben: Bis heute bin ich antiautoritär geprägt. Gern interveniere ich spontan und direkt, sage meine Meinung und werde auch mal laut. Demokratie ist für alle da, Freiheit ist das Wichtigste. Wir sind das Volk. Feiger Opportunismus, Ducken und Wegschauen dagegen sind mir ein Graus. Selbst mein antikapitalistisches

Ressentiment existiert noch, zumindest in Spurenelementen. Fette Luxus-Offroader, in denen ein in Öl gegossener Schnösel mit Pferdelederschuhen hockt und glaubt, ihm gehöre die Welt, wecken meinen extremen Widerwillen genauso wie der Anblick von haushohen Super-Yachten im Hafen von Saint-Tropez, in deren Heck-Lounge, sichtbar für alle, fettbäuchige Offshore-Milliardäre mit ihren blutjungen Gespielinnen im Champagner baden.

Andererseits werde ich immer autoritärer. Fördern, ja gern. Aber auch fordern. Grenzen setzen. Auf der Einhaltung von Regeln bestehen. Eine eigene Leistung verlangen. Distanz wahren, Respekt und Höflichkeit. Auch Freundlichkeit. Nicht alles vermischen, nicht alles laufen lassen, oft aus purer Bequemlichkeit. »Legal, illegal, scheißegal«, unsere alte Kampfparole, wird nicht nur im wachsenden Rad-Verkehr Berlins zur gemeingefährlichen Maxime. Und nein, Sven-Oliver, der dreijährige Knirps, darf nicht bestimmen, was am Samstagabend auf den Tisch der Familie kommt. Er hat einfach keine Ahnung, wie ein 18 Monate gereifter Comté schmeckt. Da hilft auch kein Kinder-Yoga.

Aber klar, der progressive Alltag hat ein zähes Leben.

3. Kapitel

Abgründe der Politik
oder
Vom Ende aller Glaubensbekenntnisse

Veränderungen nimmt man oft erst im Nachhinein wahr. Mit kognitiver Verzögerung, wie der Fachmann sagt. Deshalb ist mir auch erst in letzter Zeit aufgefallen, dass ich beim Anschauen von *Tagesschau* und *heute*-Nachrichten, von *heute journal* oder *Tagesthemen* immer häufiger laut wie ein Berliner Bierkutscher aus dem Jahre 1928 schimpfe. »Verdammter Blödsinn, die Schönredner vom Dienst sind wieder auf Sendung!« Dabei geht es gar nicht allein um die bereits erwähnte weichgespülte Prosa politischer Korrektheit, die in den Redaktionen brav zusammengedrechselt wird, damit das Abendbrot nicht im Hals stecken bleibt. Sie ist vor allem ein Reflex auf die vermeintlichen Bedürfnisse des Publikums, das man keinesfalls zu hart und ungeschönt mit der Realität konfrontieren will.

Es geht um die Sache selbst, also um das politische Geschehen, das hier vermittelt wird. Auch das tägliche Surfen in den Online-Medien, deren News-Ausstoß inzwischen das Talktempo von Roger Willemsen erreicht hat, verschafft mir immer wieder authentische Augenblicke von Wut, Trauer und Betroffenheit – um den alten Jargon noch einmal zu bemühen. Und immer öfter passiert etwas ziemlich Ungewohntes: Ich lande auf der anderen Seite der Barrikade. Politische Kommentare in der *FAZ*, die ich einst unter der Rubrik »Feindbeobachtung« studiert hatte, sprechen mir nicht selten aus dem Herzen, während ich über die politischen Einschätzungen von *taz* oder *Süddeutscher Zeitung* häufig den Kopf schüttele. Noch bedenklicher: Im Wirtschaftsteil finde ich inzwischen bessere Informationen über den Zustand der Gesellschaft als im Feuilleton, das mir jahrzehntelang heilig war mit seinen intellektuellen Debatten über den Zustand der Republik.

Mag sein, dass genau dies das erschreckendste Symptom meines Wandels ist: die apostolische Wanderung vom Feuilleton hinüber zu Wirtschaft und Politik. Gerade diese Ressorts galten früher als die »reaktionärsten Vorposten der deutschen Bourgeoisie«, als Sprachrohr der Herrschenden, Interessenvertretung von Hochfinanz und Großindustrie.

Irgendetwas muss sich also verändert haben. Immer öfter habe ich das Gefühl, dass die wirklich wichtigen Fragen der Zeit gar nicht mehr im Feuilleton verhandelt werden. Stattdessen dominiert dort ein Brausen des Zeitgeists, das mal in diese, mal in jene Richtung geht, immer scharf am Wind des allerneuesten Hypes, kurz bevor er kollabiert. Mit der realen Welt hat das wenig zu tun – es sei denn, man nimmt den täglichen Medienwahnsinn ernster als der sich selbst.

Angesichts der historischen Krise Europas, die ganz handfeste Gründe hat, appellierte etwa der *FAZ*-Feuilletonchef im seniorenhaften Lehnsesseljargon, »die Kultur« müsse nun bitteschön endlich »wach werden«. Wie das? Hat sie bislang geschlafen? Ab sofort jedenfalls solle es eine »europäische Quote in Kino, Radio und Fernsehen« geben, um dem »Druck der Märkte« etwas entgegenzusetzen. Noch besser: Beamte zwischen Tallinn und Tarent sollen ihre Arbeitsplätze tauschen. Sprachprobleme würden durch die Verringerung der 27 Amtssprachen auf zwei oder drei gelöst. Jetzt schon könnte man sich also auf jene 30.000 Forstangestellten aus Sizilien freuen, die in den Taunus und die Rhön, in Hunsrück und Spessart ausschwärmen, wo sie zum ersten Mal im Leben einen richtigen Wald zu Gesicht bekommen. Umgekehrt sähen nordhessische Bademeister endlich einmal das Glitzern des Mittelmeers. Herrlich.

All das naiv zu nennen, wäre selbst schon zu schlicht gedacht. Es handelt sich vielmehr um jene Art aufgeblasener akademischer Denkfaulheit, die sich der wahren Dimension der Probleme gar nicht erst stellen will, obwohl sie genau das »den« Politikern stets vorwirft: nicht »groß« genug zu denken, das Ganze nicht im Blick zu haben.

Apropos – und jetzt wird es wirklich schlimm: Einzelne Politiker des eher konservativen Spektrums vertreten Positionen, die meinen Überlegungen näher kommen als etwa die der *Grünen*, mit denen ich groß geworden bin. Immer wieder zucke ich selbst vor dieser bitteren Erkenntnis zurück, doch auch wenn mich biografisch sehr viel mit ihnen verbindet – den immer noch übermächtigen moralischen Zeigefinger vertrage ich einfach nicht mehr. Zumal dann, wenn er im Gewand einer bürokratisch-professionellen Rechthaberei daherkommt, die sich längst im typischen Politsprech eingerichtet hat.

Die Spitzenkandidatin der *Grünen* für die Bundestagswahl 2013, Katrin Göring-Eckardt, beherrscht ihn bereits perfekt: »Wir brauchen eine echte Energiewende und eine andere Industriepolitik. Außerdem müssen wir für wirklichen Zusammenhalt sorgen, auch mit denen, die ganz am Rand der Gesellschaft stehen. Neben der Erhöhung des Hartz-IV-Regelsatzes muss allen echte Teilhabe am Leben ermöglicht werden. Es geht etwa um Mobilität, Gesundheit, Zugang zu Kultur und Bildung für alle.«

Da geht es wirklich um alles, und tatsächlich ist für alles und jeden was dabei. Gegen diese Aufzählerei erscheint der Ikea-Katalog als Meisterleistung soziologischer Feldforschung. Wie genau die komplizierte »Energiewende« zustande kommen soll, wie teuer und risikoreich sie wird, spielt bei dieser PR-Rhetorik aus mehrfach recyceltem Plastik keine Rolle. Ebenso wenig, was »Bildung für alle« in den Migrantenghettos von Berlin-Neukölln heißt, was »Gesundheit« für alte pflegebedürftige Menschen, was »eine andere Industriepolitik«, und was, bitteschön, »echte Teilhabe am Leben« für Hartz-IV-Empfänger.

Gewiss, auch die Repräsentanten anderer Parteien reden fast nur noch in austauschbaren Stichworten und Floskeln, die alles sagen sollen und nichts erklären, aber das ist keine Entschuldigung. Schon gar nicht für eine immer noch junge Partei, die einst die grundsätzliche Alternative zum etablierten System sein wollte, auch wenn es schon ein Weilchen her ist. Womöglich ist das auch das Unangenehmste an den *Grünen*: Einerseits längst angepasst, verbürgerlicht und voll ins parlamentarische System integriert, wollen sie andererseits immer noch den Hauch des Rebellischen verbreiten, der mit einem ganz besonderen Wahrheitsanspruch verbunden sein soll.

Vor allem Claudia Roth beherrscht diesen ideologischen Spagat, zu dem auch schon mal bittere Tränen der Betroffenheit gehören, Ausfluss der reinsten Empörung über den Lauf der Welt. Der emotionale Appell und die rituelle Zuweisung von Schuld an andere sind ebenso Teil dieser moralischen Inszenierung wie die Selbstgewissheit, über die einzig richtige Lösung zu verfügen.

Fragen, Selbstzweifel, Skepsis – Fehlanzeige. Ein schlechtes Gewissen sollen immer die anderen haben. »Multikulti ist mega-in!«, rief sie bei ihrer Wiederwahl zur *Grünen*-Vorsitzenden in den tosenden Saal. Zu den akuten Problemen der Armutswanderung aus Südosteuropa, vor allem von Sinti und Roma, hört man von ihr nichts. Ein schwieriges, ein unangenehmes Thema, weit weg von der schönen grünen Märchenwelt, irgendwo da hinten in Duisburg-Marxloh und Rheinhausen.

Bei Renate Künast, der das überbordende bayrisch-barocke Element der schrillen Claudia fehlt, geht es weniger gefühlig zu, dafür umso mehr protestantisch streng, meist auch recht verkniffen. Das erzieherische Motiv steht hier im Vordergrund, eine Art Dauerbelehrung im Klassenzimmer der Republik, die im Stakkato eines Sprechautomaten vorgetragen wird. Humor ist leider nicht einprogrammiert. Schließlich Jürgen Trittin, der den asketischen Jakobiner gibt, Ritter des Dosenpfands und formvollendet gekleideter Robespierre der ewigen Göttinger Studentenrevolution.

Dass die Partei immer recht hat, sangen zwar nur Erich Honecker und seine DDR-Genossen von der *Sozialistischen Einheitspartei Deutschlands* (*SED*), aber gerade bei den *Grünen*, die sich bis heute der »Basisdemokratie« rühmen, wirkt dieser Betonpanzer der Selbstgerechtigkeit wie eine massive Sichtblende, die sich vor die Wirklichkeit schiebt. So sind sie in weiten Teilen strukturkonservativ geworden, Museumswächter ihrer eigenen Vergangenheit, während die Restbestände des Rebellentums zur leeren Pose erstarren.

Das fällt umso mehr auf, als sich die einst erbittert bekämpfenden feindlichen Lager aus Fundis und Realos weithin aufgelöst haben. Hatte dieser Dauerstreit immerhin noch Funken der politischen Leidenschaft geschlagen und die Kontrahenten gezwungen, ihre eigenen Überzeugungen in der Debatte zu schärfen, so sorgt die gegenwärtige Melange der Mittelmäßigkeit für die geistige Lebendigkeit eines dickflüssigen Lavastroms kurz vor der endgültigen Erkaltung.

Erschwerend kommt hinzu: Es ist meine Generation. Die Spitzenleute der *Grünen* sind großenteils in meinem Alter, und so weiß ich, welche weiten Wege sie gegangen sind. Umso mehr wundere ich mich darüber, wie viele von ihnen an den alten Glaubensbekenntnissen festhalten, auch wenn sie schon ziemlich abgeschmirgelt sind. Ich erinnere mich noch gut an die beinharten, teils hasserfüllten Grabenkämpfe zwischen grünen »Fundis« um Jutta Ditfurth und »Realos« um Joschka Fischer auf den unzähligen Parteiversammlungen der *Grünen* in den achtziger und neunziger Jahren. Damals hing stets ein Vorwurf wie eine dunkle Wolke über den Köpfen der Versammelten: Verrat. Verrat an den Grundsätzen der Partei und ihrem Gründungsmythos der Anti-Parteien-Partei, Verrat an der antikapitalistischen und antiparlamentarischen Ausrichtung, Verrat an der Basisdemokratie, Verrat am Prinzip der Gegengesellschaft, die ohne Macht für Einzelne und deren Gruppeninteressen auskommen wollte. Die lange Zeit glühend verteidigte Rotation von Bundestagsabgeordneten und anderen Mandatsträgern – alle zwei Jahre mussten die Gewählten ihren Nachfolgern Platz machen – sollte das Entstehen einer von der Basis abgehobenen grünen Politikerkaste verhindern. Doch man sehe sich die grüne Führungsriege heute an, von Jürgen Trittin bis Cem Özdemir: Berufspolitiker vom Scheitel bis zur Sohle. Mit und ohne Rotation.

Es hat also nichts genützt. Das Rotationsprinzip ist längst Geschichte, doch der Vorwurf vom Verrat, das unausgesprochene Beichtgeheimnis der *Grünen*, geistert immer noch durch die Debatten. Statt offensiv damit umzugehen, dass es zu den Vorzügen des menschlichen Daseins gehört, sich selbst eines Besseren zu belehren, wird immer wieder das notorisch schlechte Gewissen gegen die eigene Einsichtsfähigkeit mobilisiert. Zwar zwingt der Gang der Dinge auch das grüne Bewusstsein, Abstriche von der reinen Lehre, also Kompromisse mit der Realität zu machen, doch im tiefsten Innern will man an den alten Überzeugungen festhalten, und sei es aus Gründen des Seelenheils. Gerade erfolgreiche und gutverdienende Spitzengrüne, die schon mal mit dem Dienstwagen zum Termin anrauschen, brauchen zur moralischen Selbstrechtfertigung die Gewissheit, im Grunde immer noch die Alten zu sein, Teil der großen Aufbruchsbewegung in den siebziger Jahren. In Gorleben und anderswo läuft man zur Trecker-Demo dann auch mal mit der Lederjacke auf, wie anno 1979.

Das hat zur Folge, dass man sich nicht wirklich zu den Veränderungen des eigenen Weltbilds bekennt und den neuen Kurs der Partei unbeirrt als konsequente Umsetzung der immer schon richtigen alten Grundsätze bezeichnet – so, als habe es scharfe Brüche nie gegeben. Ein Selbstbetrug, der nicht nur eine Lüge ist, sondern auch eine Lähmung der eigenen Kräfte bedeutet. Es ist eben jener ideologische Spagat, dessen Verrenkungen kreatives Vorwärtsdenken so schwer machen. Ein wenig ähnelt diese Konstellation dem klassischen Normalneurotiker, der sich von seinen Zwängen und Widersprüchen nicht befreien kann und daher im Hamsterrad seiner schiefen Selbstwahrnehmung gefangen bleibt.

Bei den *Grünen* gibt es freilich stets einen bequemen Ausweg: Die Attacke auf die anderen Parteien, die selbstredend unfähig, gemeingefährlich und zukunftsblind sind. Was sonst.

Die Ökos der ersten Stunde würden natürlich alles viel, viel besser machen, zum Wohl von Mensch, Tier und Natur. Mit diesem Hochmut stehen sie allerdings nicht allein.

✳ ✳ ✳

Vielleicht liegt es ja am fortgeschrittenen Lebensalter, dass mir immer öfter Sätze herausrutschen wie: »Das wird doch genauso laufen wie nach François Mitterrands Wahlsieg von 1981!« Der ist zweiunddreißig Jahre her, aber ich weiß noch, wie ich, von romantischer Frankophilie durchdrungen, für den charismatischen Sozialisten geschwärmt habe, der der erste linke Staatspräsident der fünften Republik wurde. Nein, er war kein Revolutionär, weder Danton noch Robespierre, aber als Kandidat einer linken »Volksfront« aus Sozialisten und Kommunisten repräsentierte er den starken Wunsch vieler Franzosen, einen »Bruch« mit dem bisherigen System zu wagen, eine andere, gerechtere Gesellschaft jenseits des kapitalistischen Profitprinzips aufzubauen.

Mitterrands Wahlkampfparole »La force tranquille« (»Die ruhige Kraft«) setzte instinktsicher auf die richtige Einsicht, dass Frankreich, bei aller eruptiver Leidenschaft fürs revolutionär Neue, zugleich ein sehr konservatives, auf soziale Sicherheit und Tradition bedachtes Land ist. Auf dem zentralen Plakat blickte Mitterrands vertrauenerweckendes, männlich-ebenmäßiges Antlitz die Wähler an, während im Hintergrund sanftes Grün und eine jener romanischen Kirchen aus dem Mittelalter zu sehen waren, die »La France profonde«, das wahre, ländliche Frankreich repräsentieren.

Es sollte also nur ein bisschen Revolution sein und kein radikaler Umsturz wie nach 1789. Das Symbol war jene rote Rose, die Mitterrand in einem pathetischen Gang ganz allein ins Pantheon trug, wo er sie, nach einer Verbeugung, auf den

Grabstein des legendären Widerstandskämpfers der *Résistance* gegen die deutschen Okkupationstruppen, Jean Moulin, legte. In gleicher Weise ehrte er auch dessen Mitkämpfer Jean Jaurès und Victor Schoelcher. In diesem Augenblick stand ganz Frankreich still, mit Tränen in den Augen. Die Grande Nation, für einen historischen Moment vereint.

Dann ging es ans Werk. Innerhalb von Monaten wurden viele der angekündigten – vorgeblich linken – Reformen umgesetzt: Schlüsselindustrien verstaatlicht, Mindestlöhne und Renten erhöht, die Arbeitszeit verkürzt. Und natürlich die Staatsausgaben ausgeweitet. Doch schon ein Jahr später zeigte sich, dass Frankreichs Wirtschaftskraft auf diese Weise nur weiter geschwächt wurde. In einem Kraftakt sondergleichen änderte Mitterrand den Kurs, warf die Kommunisten aus der Regierung und betrieb im Wesentlichen jene Politik, die zuvor als zu »wirtschaftsfreundlich« bekämpft worden war.

Gerade weil ich dieses politische Scheitern einer in ganz Europa mit Spannung verfolgten linken Strategie schmerzlich miterlebt habe, musste ich nach dem grandiosen Wahlsieg von François Hollande im Frühjahr 2012 an das Schicksal seines berühmten Vorgängers denken, dem zwar eine zweite Amtszeit vergönnt war, aber eben keine erfolgreiche Versöhnung von Vision und Realpolitik.

Frei nach Karl Marx folgt auf die Tragödie nun die Farce, auf die »ruhige Kraft« des Charismatikers Mitterrand die »Normalität« des sozialistischen Parteifunktionärs Hollande, dessen linke Ambitionen vor dem Amtsantritt sowieso nur noch eine Schrumpfform des ehrgeizigen Programms von 1981 waren und gleichwohl noch schneller krachend in sich zusammenfielen. Man konnte dabei zusehen, wie Hollande und seine Regierung in die Sackgasse stürmten, aus der sie nun mühsam wieder herausfinden müssen. Im Gegensatz zu 1981 verschärfen Globalisierung, Staatsschulden und Eurokrise jeden Versuch, einen irgendwie gearteten »dritten« französischen Weg zwischen Kapitalismus und Sozialismus zu finden.

Es ist unübersehbar, dass die immer wieder aufpolierte Rhetorik von »Aufbruch« und »Neuanfang« eher das eigene Denken verwirrt als den politischen Gegner. Und um die Zukunft geht es dabei auch weniger als um eine Vergangenheit, deren vermeintlich klaren Frontstellungen man nachtrauert. Dabei ist es eigentlich ganz einfach: Im System das System zu bekämpfen, macht genauso viel Sinn wie im Laden den Laden oder im Theater das Publikum. Wirksame Reformen können vieles – sie dürfen nur nicht auf die Zerstörung jener Logik zielen, deren Funktionsweise sie gerechter gestalten wollen.

Wie immer man es nennen will – Marktwirtschaft, Kapitalismus oder globalisierte Weltwirtschaft: Wer es kaputt machen will, sollte die auf den Protestdemos mitgeführten Che-Guevara-Porträts auch ernst nehmen und die sozialistische Weltrevolution ausrufen. Dann aber bitte auch in China und Russland, den wahren Hochburgen des »Raubtierkapitalismus«. Wenn es sich aber nur um Folklore fürs linke Gemüt handelt, ist der »performative Widerspruch« (Jürgen Habermas) offensichtlich und die politische Bruchlandung programmiert.

Jean-Luc Mélenchon, einst Mitglied bei Hollandes Sozialisten und nun Chef der populistischen Linksfront namens *Parti de Gauche*, kennt da allerdings keinen Schmerz. Er verbrachte gleich seinen ganzen Sommerurlaub 2012 beim venezolanischen Rambo-Präsidenten und Fidel-Castro-Verehrer Hugo Chavez, der mit flächendeckenden Verstaatlichungen, Meinungsterror und diktatorischer Machtausübung sein Land binnen weniger Jahre heruntergewirtschaftet hat. Gewiss, immer schon holte sich die europäische Linke ihre Anregungen für den revolutionären Kampf gern aus Lateinamerika, von Kuba bis Chile. Doch ob's gerade jetzt der Wahrheitsfindung dient, mitten in der großen Krise des alten Kontinents?

※ ※ ※

»Ach Europa!« Dieser melancholische Ausruf war Titel eines Buches von Hans Magnus Enzensberger, das 1987 erschien, Ergebnis ausgedehnter Reisen durch sieben Länder des Kontinents, von Schweden bis Italien. Das Resümee war ein typisch Enzensberger'sches Paradox: Die Stärke Europas bestehe in seiner »Irregularität«, im »Wirrwarr« seiner unendlichen Verschiedenheiten, in der Vielfalt seiner Traditionen und Mentalitäten.

Sicher, man braucht nur das Kapitel über Italien aufzuschlagen, um von »institutionalisierter Sabotage«, »idiotischer Schlamperei«, »endemischer Unfähigkeit« und »infernalischer Misswirtschaft« zu lesen. Doch am Ende steht die Versöhnung mit dem Unvermeidlichen, die Sympathie mit dem seltsam anderen: »Das Modell Italien aber, das gar kein Modell ist, sondern ein unkalkulierbarer, produktiver, phantastischer Tumult, werden wir weiter mit gemischten Gefühlen betrachten, mit Angst und Bewunderung, Entsetzen und Neid.«

Es ist die alte, ewig junge Sehnsucht nach der Lebensleichtigkeit des Südens. Zu Risiken und Nebenwirkungen fragen Sie Francesco, Ihren Italiener um die Ecke, oder schauen Sie noch einmal auf Ihre fantastisch überhöhte Tankrechnung, die Sie südlich von Livorno bezahlt haben, obwohl man mit der an der Zapfsäule manipulierten Spritmenge auch ein Kleinflugzeug hätte betanken können. Egal, zu spät. Die Erinnerung aber an die Spaghetti Vongole in Massa Marittima, den allabendlichen Corso in der Altstadt, die sanften Hügel der Toskana und Gianna Nanninis *Autostrada* kurz hinter Livorno bleibt. Bella Italia, eine wunderbare Reminiszenz.

Europäische Romantik, Völkerverständigung und avanti Popolo – das war einmal. Heute geht es um bürokratische Vereinheitlichung und Zentralisierung, um Kohärenz und Angleichung, um Zwang und Regel. Vor allem aber um Milliarden und Billionen, um den großen Befreiungsschlag aus den Geldkanonen der Zentrale. »Mehr Europa!«, der alternativlose Schlachtruf der politischen Eliten, kündigt die große Flucht nach vorn an, den endgültigen Durchbruch zur Unumkehrbarkeit des historischen Fortschritts. Vorwärts immer, rückwärts nimmer! Die Vorstellung göttlicher – oder realsozialistischer – Allmacht ist da nicht weit. Ehrlicherweise müsste die Parole allerdings »Weniger Europa!« heißen, also weniger Vielfalt, weniger Unterschiede, weniger Unkalkulierbares, dafür mehr Gleichheit, mehr Planung, mehr Kontrolle. Und mehr Staatsbeamte mit schwarzen Aktenkoffern, die in den Business-Lounges der europäischen Flughäfen auf den Beginn des Boardings warten.

»Mehr Europa« – das sind Fiskalpakt und Bankenunion, Troika, ESM und EZB, Wirtschaftsregierung und Politische Union, am Ende gar ein Bundesstaat Europa mit Zentralregierung, Zentralparlament und zentraler Gerichtsbarkeit: Das zusammenwachsende, »postnationale« Europa ist das Mantra unserer Zeit.

Unter dem dramatischen Druck der anhaltenden Eurokrise scheint es nur noch um alles oder nichts zu gehen. Europa oder der Untergang – das ist hier die Frage. Und wehe dem, der Zweifel an dieser apokalyptischen Perspektive äußert. Im Handumdrehen ist er ein gefährlicher »Euroskeptiker« und

»Anti-Europäer«, ein böser Populist und reaktionärer Verräter an der großartigen Zukunft des Kontinents.

Aber stand nicht der Zweifel am Beginn der europäischen Aufklärung? War nicht beißende Kritik an herrschenden Verhältnissen und ehernen Glaubensbekenntnissen der Ausgangspunkt aus der selbstverschuldeten Unmündigkeit?

Unverkennbar jedenfalls, dass sich eine Dialektik entfaltet hat, auf die die Völker Europas kaum mehr Einfluss haben. Je mehr die Kompetenzen der Brüsseler EU-Zentrale gestärkt werden, desto stärker entfalten sich die Zentrifugalkräfte ihrer Mitgliedstaaten. Nichts hat die Dauerkrise so sehr vertieft wie das Auseinanderdriften der ökonomisch starken und schwachen Länder, das durch alle milliardenschweren Rettungsmaßnahmen nur beschleunigt wurde. Symptomatisch die herausragende Position Deutschlands, die die dramatische Lage in Griechenland, Spanien und Portugal nur noch aussichtsloser erscheinen lässt. Mehr noch: Die neue Führungsrolle Berlins hat die Statik des alten Kontinents verändert. Und nicht nur die Deutschen wissen kaum, wie ihnen geschieht.

Ein alter Double-bind ist wiederauferstanden: Man bewundert die deutsche Stärke – und man fürchtet sie. Selbst Wut und Hass kommen wieder hoch, antideutsche Ressentiments breiten sich selbst unter europäisch gesinnten Intellektuellen aus. Plötzlich wird klar, dass es gerade das einigende, aber eben auch eiserne Band des Euro ist, das die Widersprüche umso krasser hervortreten lässt. Hatten viele einst gehofft, die schwächeren Volkswirtschaften durch das strenge Reglement einer gemeinsamen Starkwährung gleichsam mit nach oben ziehen zu können, so stellt sich nun das genaue Gegenteil heraus: Durch all die Milliarden billiger Euros wurden die strukturellen Schwächen der südeuropäischen Länder sogar verschärft. Auf diese Weise ist der Euro zum Spaltpilz geworden.

Denn nach wie vor gilt: Fast alles, was mit Tradition, Alltagskultur, Mentalität und Geschichtsbewusstsein zu tun hat, bleibt national geprägt. Der gallische Patriotismus wird auch durch amerikanische Popsongs oder deutsche Porsches nicht gefährdet. Andererseits sind es gerade jene romantisch überhöhten Unterschiede der einzelnen Länder, die den Reiz des alten Europa ausmachen. Genau diese Unvereinbarkeiten stehen aber nun einer gemeinsamen europäischen Politik im Weg. Schon vor Einführung des Euro und jenseits aller Zahlen-Tricksereien war klar, dass Griechenland oder Portugal nie auch nur in die Nähe nordeuropäischer Volkswirtschaften und ihrer Produktivkraft kommen würden.

Heute führt dieser Umstand zu einer absurden Situation, die einer Falle ähnelt. In ihr können selbst die Schwachen ihr Erpressungspotenzial erzwungener »Solidarität« gegenüber den Starken mobilisieren. Die Folge ist ein umso härterer nationaler Interessenkampf – Egoismus, getarnt als edle Selbstlosigkeit im Namen des großen Zukunftsprojekts. Wer Griechenland oder Spanien fallen lässt, so lautet die gar nicht geheime Drohung, der stürzt gleich mit in den Abgrund. Hilfe zur Selbsthilfe – einmal ganz anders verstanden.

Der schier unentwirrbare Kuddelmuddel zeigt: Man hat sich von Anfang an etwas vorgemacht. Es scheint so, als sei nach dem Ende aller großen Utopien »Europa« zum letzten Fluchtpunkt enttäuschter Transzendenz-Sehnsüchte geworden. Nicht zufällig werden immer wieder »Krieg« und »Frieden« angeführt, wenn es um die Letztbegründung der europäischen Einigung geht. Selbstverständlich ist dieser historische

Aspekt bedeutsam, aber seine liturgiehafte Überhöhung hat ihn zur billigen Münze werden lassen.

Ein Motiv für diese Haltung hat der Religionssoziologe Hans Joas benannt: »Das deutsche Europa-Pathos hat etwas mit unserer spezifischen Abwendung vom Nationalsozialismus nach 1945 zu tun.« Doch das erklärt nicht jede Form der Wirklichkeitsverweigerung. Immer noch herrscht in weiten Teilen der Öffentlichkeit eine abenteuerlich realitätsferne Debatte zwischen ritualisiert-abstrakter Euro-Lyrik, gestanztem Krisen-Sprech und einer bräsigen Utopie-Seligkeit, die vor den praktischen Problemen stets auf die nächsthöhere Meta-Ebene flüchtet. Im Zweifel ist es stets die Wirklichkeit, die sich vor der Idee blamiert – nicht umgekehrt. Der Blick auf die konkreten Zustände stört da nur.

Lieber entwirft man, wie der österreichische Autor Robert Menasse, das schöne Bild von »Europa als Friedensprojekt« mit dem Ziel einer »Auflösung der Nationen« in eine Art »nachnationale Gemeinschaft«. Sein Schweizer Schriftstellerkollege Adolf Muschg fabuliert noch bunter: »Ich wünsche mir eine Wende wie 1989, die aus dem Gegenwind der Krise Rückenwind macht für den nächsten qualitativen Sprung europäischer Politik …, ein sokratisches Europa. Ich wünsche mir ein Europa der Artenvielfalt, ein Bündnis zugunsten der Andern diesseits und jenseits der Grenzen … Nur als Schutzgebiet des Andern kann Europa zum Tatbeweis dafür werden, dass es auf diesem endlichen Planeten auch anders geht. Welche staatliche Gestalt dieses Muster annehmen soll, muss sich zeigen; wir werden es erleben, wenn wir es schaffen.«

Dass hier der Wunsch Vater der lyrischen Beschwörungsformeln ist, liegt auf der Hand. Romanciers ist dies, anders als Politikern, natürlich erlaubt. Wie das Ganze praktisch aussehen soll, überlassen sie dann lieber dem gnädigen Gang der Geschichte. Wenn es doch wieder schiefgehen sollte, werden sie die Ersten sein, die kritisch den Finger heben und die unfähigen Politiker anklagen.

Zugegeben, die Verwechslung von Wunsch und Wirklichkeit, Ziel und Mittel ist eine alte und zutiefst menschliche Form der Selbsttäuschung. Gleichwohl beleidigen solche Wunschzettel an den Weihnachtsmann nicht nur Verstand und Intelligenz des durchschnittlichen Wahlbürgers zwischen Stockholm und Palermo, sondern auch jenes Niveau intellektueller Debatten, das die europäische Aufklärung schon vor 300 Jahren etabliert hatte. Montesquieu, Rousseau und Voltaire waren eben nicht nur Träumer, sondern vor allem scharfe Denker, Skeptiker und Zyniker vor dem Herrn.

Warum bloß fällt es gerade Intellektuellen so schwer, eine logisch klare Unterscheidung zu treffen zwischen dem wünschbaren Ziel eines geeinigten demokratischen und friedlichen Europa mit annähernd gleichem Wohlstand, allen bürgerlichen Freiheiten und guten Beziehungen zum Rest der Welt – und dem Weg dorthin?! Wo bleibt die kritische Analyse der tatsächlichen Verhältnisse, die doch sonst stets der Anfang aller Veränderung war? Warum ist in diesem aseptischen Universum der unbefleckten akademischen Abstraktion nie die Rede von »infernalischer Misswirtschaft« und »institutionalisierter Sabotage«, die der leidenschaftliche Europäer – und große Skeptiker – Hans Magnus Enzensberger schon vor Jahrzehnten diagnostiziert hat? Kurz: Warum kommt gerade bei linken Gesellschaftskritikern das richtige Leben im echten Alltag Europas gar nicht vor?

Manchmal jedoch reichen schon wenige Worte von ganz unerwarteter Seite, um einen zarten Realitätsschock auszulösen. Aquilino Morelle, führender Berater des französischen Präsidenten, der von Deutschland stets mehr finanzielle »Solidarität« und »Kooperation« fordert, stellte eine einzige Frage, die das Wolkenkuckucksheim vieler Europa-Träumer zum Einsturz bringt: »Können Sie mir ein europäisches Land nennen, dessen Bevölkerung sich danach sehnt, mehr Kompetenzen nach Brüssel abzugeben?«

Frankreich gewiss zuallerletzt.

Ja, man glaubt es kaum. Es gibt sie noch, die Bürger Europas, und sie wollen über ihre Zukunft ein bisschen mitreden. Und das ist das Merkwürdige an der ganzen Debatte: Nur eine verschwindende, allerdings ziemlich lautstarke Minderheit beteiligt sich an ihr. Dabei betreiben gerade jene, die es sonst gar nicht radikaldemokratisch und basisfreundlich genug haben können, ihre abstrakten Wünsch-Dir-was-Planspiele so, als gehe es nur um ein neues, dann aber wirklich perfekt funktionierendes Organigramm europäischer Behörden, Ämter und Institutionen. Ob dann auch die Bedrohung durch das marode elsässische Atomkraftwerk Fessenheim, wenige Kilometer von der deutschen Grenze entfernt, solidarisch vergemeinschaftet wird?

✳ ✳ ✳

Vor dreißig, vierzig Jahren, als wir noch keine »Europäische Finanzstabilisierungs-Faszilität«, keinen ESM und keine EZB brauchten, um halbwegs über die Runden zu kommen, fuhren wir einfach drauflos, kreuz und quer durch den alten Kontinent. Zwar gab es überall noch Grenzkontrollen, und gerade wir langhaarigen Gesellen im knatternden Renault 4 wurden regelmäßig rausgewunken und gründlich durchsucht, doch dem europäischen Gedanken tat das keinen Abbruch. Im Gegenteil: Irgendwie war es ja auch spannend, eine Grenze zu überschreiten, ein Abenteuer der Entdeckung zu beginnen. Schon gleich hinter dem Grenzhäuschen fing eine neue Welt an.

Selbst das Wetter schien schon nach wenigen Kilometern anders zu sein, irgendwie sonniger und wärmer. Fast rochen wir schon das Mittelmeer. So erkundeten wir Frankreich, Italien und Spanien frohgemut auf eigene Faust. Hier und da wurde man noch mit – objektiv verständlichen – Ressentiments gegen Deutsche konfrontiert, die bis 1945 halb Europa besetzt gehalten hatten, aber unser Blick richtete sich in diesem Fall einmal nicht in die furchtbare Vergangenheit.

Lieber wandten wir uns der leuchtenden Gegenwart zu. Unterwegs lernten wir Sitten und Gebräuche kennen – darunter die obligatorische Mittagsmahlzeit im Kreise der Familie gleich am Straßengraben – und liefen begeistert durch mittelalterliche Städte, die komplett erhalten waren, anders als in Deutschland, wo der Bombenkrieg die meisten historischen Ortskerne zerstört hatte. Und wie anders erst waren italienische Bars und französische Bistrots als unsere heimischen Kneipen!

Selbst die Tatsache, dass wir vieles mangels ausreichender Sprachkenntnisse gar nicht richtig verstanden, machte alles nur noch spannender und exotischer, auch wenn es nicht immer gut verdaulich war. So hatte ich beim Bestellen im Restaurant einmal »Truite«, die Forelle, mit »Tripes«, Innereien, verwechselt. Kutteln, Eingeweide! Hier war Tapferkeit erste Tellerpflicht. Es sollten weitere Herausforderungen auf uns warten. Aber selbst die abenteuerlichsten Steh-Klos hinter klappernden Toilettentüren mit ausgeleierten Schlössern, die nicht funktionierten, gehörten zur aufregenden Kultur des Südens.

Wenn draußen dann noch das Meer rauschte und eine sanfte Brise aufzog, waren die nordeuropäischen Hygienevorschriften schnell vergessen. Da wir es mit der Sauberkeit auch zu Hause nicht so streng nahmen, zählte vielmehr die Einstellung zum Leben, die wundervolle Atmosphäre an den Cafétischen unter Platanen und Palmen, um die herum alte Männer Boule spielten, während die *Gitanes* und *Gauloises* nur noch ein paar Millimeter aus dem Mundwinkel ragten. Sparsamkeit auf Französisch.

Nirgendwo konnte man Menschen besser beim Leben zuschauen als unter der Sonne des Südens, und nur ein gemeiner Zyniker von 2012 könnte hier Wasser in den Wein gießen und spotten: Kein Wunder, geht ja auch recht gemächlich zu! Nein, wir liebten diese Mentalität sonnenverwöhnter Gelassenheit, deren andere Seite wir natürlich nicht bemerkten und auch gar nicht bemerken wollten. Viel wichtiger war der vorbeiknatternde Lieferwagen von Citroën, ja, genau der alte Kasten mit den komischen Blechrillen in der Karosserie, die aus der Ferne wie Wellpappe aussahen. Er brachte Auberginen und Zucchini, Pfirsiche und Nektarinen in die Alimentation an der Place de l'Eglise, die völlig anders schmeckten als das Obst bei *Schade & Füllgrabe* in Frankfurt-Eckenheim.

Rasch lernten wir, uns überall zu Hause zu fühlen. Gerade die Fremdheit war es, die uns anzog. Andere Menschen, andere Gerüche und Traditionen; selbst die Farbe des Himmels schien kräftiger, irgendwie blauer. Und dann hielt man noch diese riesigen Geldscheine in den Händen: Lire, Pesetas, Francs und Drachmen. Ganze Bündel von Papierlappen für ein paar Deutsche Mark. Ständig musste man Preise vergleichen – ein unversiegbarer Quell für unterhaltsame Rechenübungen in Schuhläden und Restaurants.

Es war ein federleichter Abschied von Deutschland, zumindest für ein paar Wochen. Europa – das war für uns tatsächlich jene beinahe grenzenlose Freiheit, überall hingehen zu können, ein Kaleidoskop von Möglichkeiten, die nur vom Geldbeutel begrenzt waren. Noch wichtiger war das Weggehenkönnen, raus aus jenem Land, das wir *BRD* nannten. Es war wie eine Befreiung. Europäischer als wir konnte man nicht sein.

Umso mehr nervte uns die offizielle Europa-Rhetorik, vor allem von Helmut Kohl, der immer wieder erzählte, wie er in seinen jungen Jahren gemeinsam mit anderen Enthusiasten einen Schlagbaum an der deutsch-französischen Grenze »symbolisch« beiseitegeräumt hatte. Und dann das Händchenhalten mit François Mitterrand am 22. September 1984 auf dem Friedhof von Douaumant bei Verdun!

So sehr wir uns mit der Nazi-Vergangenheit auseinandergesetzt hatten, so wenig verstanden wir das ständige Reden von »Versöhnung über die Gräber hinweg«, von »Erzfeinden«, die nun Freunde geworden seien. 1870, 1914, 1940 – das waren abstrakte Geschichtsdaten für uns. Wir konnten sie einordnen, aber sie lösten keine wirklichen Emotionen aus. Klar, wir waren die Nachgeborenen. Ganz anders ging es natürlich der Kriegs- und Nachkriegsgeneration. Sie hatte noch die Bombennächte in den Knochen, die Erinnerung an das ziellose Herumirren in zerstörten Städten, Kälte, Hunger und Verzweiflung.

Für uns aber war Krieg in Europa schlicht undenkbar und Frieden eine fast schon langweilige Selbstverständlichkeit. Deshalb verfing auch das Friedenspathos der politischen Sonntagsreden nicht, die uns nur anödeten. Ja, wir waren Kinder der BRD, der postnazistischen Rumpf-Republik. *EWG* hieß *Einer wird gewinnen* und wurde von Hanns Joachim Kulenkampff moderiert. Auf der Wetterkarte im *ZDF* schob Dr. Karla Wege die Papp-Wölkchen noch mit der Hand an die richtige Stelle, und der massige Heinz Kluncker war Chef der mächtigen Gewerkschaft ÖTV, die zehnprozentige Lohnerhöhungen für Müllmänner herausholte.

Wir waren Europäer *avant la lettre*, gleichsam, ohne überhaupt darüber nachdenken zu müssen. Die pure Normalität. Was wir auf keinen Fall sein wollten, war »deutsch«. Deutschsein war das Letzte. So traf es sich gut, dass in dem Kürzel BRD das Attribut deutsch gar nicht vorkam. Lange bevor der Begriff zum Modewort wurde, waren wir »postnational«. Wir hatten es für alle Zeiten hinter uns. Das glaubten wir zumindest. Die Nation schien für immer desavouiert, nichts als eine unheilvolle Geschichte, die mit dem Zusammenbruch von Hitlers »Drittem Reich« endgültig abgeschlossen war.

Wer fortan von Nation sprach, war Nationalist. Einer, der sich Patriot nannte, ebenso, auch wenn er das Adjektiv »modern« oder »aufgeklärt« davorklebte. Und wer auf die »Wiedervereinigung« hoffte, war im Wortsinn ein Reaktionär und Revanchist. Punktum. Sogar bei Fußball-Länderspielen wünschten wir vorrangig anderen Nationen (sic!) den Sieg, erst recht, wenn es um Ghana, Portugal oder Schweden ging, unterprivilegierte oder irgendwie fortschrittliche Staaten. Selbst wenn sich manch einer doch mal über ein Tor von Gerd Müller oder Franz Beckenbauer freute – im Zweifel waren wir für Ghana, aus übergeordneten Gründen.

Was uns bei alldem gar nicht auffiel: Mit dieser Haltung waren wir allein auf weiter Flur. Kein französischer oder italienischer Linker hätte jemals einer gegnerischen Mannschaft die Daumen gedrückt. Und natürlich wollten weder Frankreich noch Italien, weder Spanien noch Griechenland in irgendeiner Weise »postnational« sein. Im Gegenteil: Ihre Bürger waren stolz, Franzosen oder Griechen zu sein, von links bis rechts. Diesen Umstand, der eigentlich klar zutage lag, übersahen wir deutschen Republikflüchtige der siebziger und achtziger Jahre im Eifer des Gefechts. Und das, obwohl wir am liebsten selbst Franzosen oder Italiener gewesen wären. Dass sich in ur-europäischen Ländern wie Frankreich und Italien Nation auf Revolution reimt, auf Befreiung von aristokratischer und kirchlich-religiöser Herrschaft, hatten wir sowieso verdrängt.

Unser anti-deutsch imprägnierter, romantisierter Blick konnte sogar Berge von Bergen und Wald von Wald unterscheiden. Den dunklen Schwarzwald fanden wir furchtbar deutsch und spießig obendrein. Man denke nur an die Schwarzwälder Kirschtorte, die die legendären Wilmersdorfer Witwen jeden Nachmittag im *Kranzler-Eck* am Kurfürstendamm rituell verspeisten. Die Vogesen – *Les Vosges* – dagegen schienen uns ein wunderbar leichtes französisches Flair zu verbreiten. Selbst das Grün der Tannen glänzte heller.

Dazwischen lag zwar nur die Rheinebene, aber für uns waren es Welten. Vielleicht hätten wir uns damals schon daran erinnern sollen, dass das Elsass jahrzehntelang, zwischen 1871 und 1918, deutsches Staatsgebiet war, von den Jahrhunderten im Heiligen Römischen Reich Deutscher Nation einmal abgesehen. Aber wir waren in das Andere verliebt und verachteten das Eigene. Nicht im Traum hätten wir jene Worte gefunden, die der berühmteste Autor der Weimarer Republik, Kurt Tucholsky, 1929 für sein Feuilleton *Heimat* niederschrieb:

»Und in allen Gegensätzen steht – unerschütterlich, ohne Fahne, ohne Leierkasten, ohne Sentimentalität und ohne gezücktes Schwert – die stille Liebe zu unserer Heimat … Ja, wir lieben dieses Land.«

Die Rede war von Deutschland.

Zur Wahrheit gehört aber auch das Gegenteil. Sechs Tage vor seinem Tod am 21. Dezember 1935 schrieb Tucholsky im schwedischen Göteborg an Arnold Zweig, der vor Hitler nach Palästina geflohen war: »Ich habe mit diesem Land, dessen Sprache ich so wenig wie möglich spreche, nichts mehr zu schaffen. Möge es verrecken – möge es Russland erobern – ich bin damit fertig.«

Dieser letzte Ausruf der Verzweiflung des linken jüdischen Schriftstellers, dessen Bücher die Nazis verbrannten, wurde uns, den ideellen Enkeln mit der Gnade der späten Geburt, noch Jahrzehnte später zum Motto, zur Orientierungsmarke unserer postnationalen Identität. Dass die Verzweiflung auch aus der Liebe zu jener Heimat kam, die die Nazis usurpiert hatten, dass es also durchaus einen linken Patriotismus geben kann, kam uns nicht in den Sinn.

Nicht zuletzt deshalb zog es uns ja in die südlichen Nachbarländer, die zu Opfern des nazideutschen Eroberungswahns geworden waren. Dabei liebten wir gerade jene Besonderheiten und Mentalitäten, die das Typische, Unverwechselbare dieser Nationen ausmachten – nationale Eigenarten also, die wir bei uns zu Hause, in der »Heimat«, als reaktionär und anachronistisch verwarfen. »Heimat« – das klang nach »Blut und Boden«, nach dampfender Ackerscholle und arischen Elbjunkern. Deshalb flohen wir vor Sauerteigbrot, Leberwurst und Salzgurken und warfen uns in die Arme von Baguette, Paté und Cornichons.

Pasta statt »Birkel«-Nudeln, Grappa statt Korn, Eau de Vie statt Himbeergeist!

Auf diese Weise glaubten wir, der deutschen Geschichte und unserer Herkunft zu entrinnen – Deutschland peinlich Vaterland. Selbst im befreundeten Ausland blieben uns quälende Begegnungen mit dem *Homo Teutonicus* nicht erspart. Immer wieder etwa beobachtete ich entgeistert, wie deutsche Touristen versuchten, ihre Bestellung auf Schwäbisch oder Bayerisch loszuwerden. Konsterniert verfolgte ich die dramatischen Verständigungsprobleme mit der Bedienung, ohne helfend einzugreifen. Natürlich hätte ich, selbst mit meinen mäßigen Französischkenntnissen, den begriffsstutzigen Volkskameraden auf die Sprünge helfen können. Aber nein, ich wollte nicht. Mit diesen Deutschen hatte ich nichts zu schaffen. Strafe musste sein.

Dass heute unzählige englischsprachige Touristen aus aller Welt, die ins hippe Berlin reisen, völlig selbstverständlich davon ausgehen, dass sie sich in ihrer Muttersprache verständigen können, konnte ich damals noch nicht ahnen. Wahrscheinlich aber hätte ich auch dann gedacht: Das ist ja was anderes. Das ist Englisch, die Weltsprache. Die muss jeder beherrschen.

Nun, da Europa ein einziges Katastrophengebiet geworden scheint, in dem sich die Rettungsschirme schon gegenseitig ins Gehege kommen, wirkt die Frage nach einer postnationalen europäischen *Identität* fast wieder kurios und abwegig. Daran ändert auch der Friedensnobelpreis 2012 für die Europäische Union nichts.

Denn einerseits sind wir alle selbstverständlich längst zu Europäern geworden. Das ist gar nicht mehr die Frage. Andererseits zeigt sich immer dramatischer, dass gerade die Unterschiedlichkeit der europäischen Kulturen und Mentalitäten, die national geprägten Ursachen jenes »fantastischen

Tumults« also, zum massiven Problem werden – jedenfalls dann, wenn man den Bogen der Integration, der Vergemeinschaftung und Zentralisierung aller wichtigen Entscheidungen überspannt. Das Streckbett einer gemeinsamen Währung schadet jener europäischen Idee, die wir *a priori* ganz selbstverständlich gelebt haben. Und so ist es auch kein Zufall, dass gerade eher linksorientierte Zeitgenossen fast nur noch über Geldströme, Zinssätze, Kreditlinien, Eurobonds und andere Zauberinstrumente aus der Hexenküche der Finanzpolitik reden – auch das eine Bankrotterklärung der Vision von Europa, Freude schöner Götterfunken.

So ist die Euro- und Schuldenkrise, ganz gleich, wie sie ausgehen wird, zum existenziellen Menetekel, zum entscheidenden Warnzeichen geworden. Der Ausruf »Ach Europa!« könnte auch bedeuten *Europa, ach, besinne dich!* Entwickle deine alten Stärken, doch verabschiede dich von der Illusion der Einheit und der Gleichheit. Sie wird nichts als Unfrieden stiften.

∗ ∗ ∗

Derweil hat sich hierzulande längst ein neuer Blick aufs eigene Land entwickelt, auch und gerade unter jenen, die wie ich einst den Pfälzer Wald für die Ausgeburt einer reaktionären Fantasie hielten und jeden südeuropäischen Steinhaufen für ein Wunder der Natur, die noch der sauersten Plörre aus dem südfranzösischen Larzac den mediterranen Geist süßer Freiheit abschmeckten, während sie den Moselriesling, den die Oma am Sonntag mit den Worten »Der ist schön lieblich« zum Hasenbraten servierte, als untrinkbaren Spießer-Sirup verschmähten.

Es liegt nicht nur am deutschen Riesling, der seinen einstigen Weltruhm zurückerobert hat. Es liegt an der Veränderung des gesamten Landes seit den siebziger Jahren. Und es liegt an der veränderten Wahrnehmung jener ehemaligen BRD durch seine Bürger, die seit der Wiedervereinigung 1990 umgangssprachlich wieder Deutschland heißen darf – übrigens auch im Rest der Welt. Die altgermanische Bestie muss nicht mehr europäisch eingehegt und gebändigt werden – das Land ist ganz normal geworden, äußerst zivil, über die Maßen tolerant, erzfriedlich und europäischer, ja, polyglotter als einige seiner Nachbarn. Dass man die Deutschen »entweder an der Gurgel oder zu Füßen habe«, wie der englische Premierminister Sir Winston Churchill einmal sagte, ist nur noch ein Bonmot aus einer fernen Epoche.

Eigentlich bedurfte es jenes »Sommermärchens« während der Fußballweltmeisterschaft 2006 gar nicht mehr, um ein neues frisches Bild von »Germany«, dem »Land der Ideen«, herbeizuzaubern. Der Ansturm von fast zehn Millionen Touristen, die Jahr für Jahr in die deutsche Hauptstadt kommen, darunter Hunderttausende Jugendliche aus ganz Europa, spricht für sich. Und natürlich ist dieses neue Deutschland genau das, was allzu lange bestritten wurde: Ein Einwanderungsland. Eine schiere Tatsache, kein ideologisches Programm, mit dem ein multikultureller Blumentopf zu gewinnen wäre.

So gehören inzwischen türkische, arabische und polnische Migrantenkinder wie Mesut Özil, Sami Khedira, Jérôme Boateng und Lukas Podolski zu den besten Spielern der Nationalmannschaft, und nicht einmal der mächtige *Deutsche Fußballbund DFB* kann sie dazu zwingen, die Hymne mitzusingen. Wahrscheinlich will er es auch gar nicht, denn die Inbrunst, mit der etwa die italienischen Kicker ihr »Fratelli d'Italia!« ins Stadionrund schmettern, ist bei uns nicht mehr angesagt. Nationales Pathos, gesungen wie gesprochen, ist der Mehrheit der

Deutschen fremd geworden. Ihre obersten Repräsentanten, Bundestrainer Jogi Löw und Bundeskanzlerin Angela Merkel, sind nicht zufällig Spezialisten der trocken-unterkühlten, rhetorisch ebenso anspruchs- wie leidenschaftslosen »Ich sach mal so«-Rede. Auch der Torjubel der eisernen Kanzlerin im hellgrünen Hosenanzug und mit emporgereckten Ärmchen ruft weltweit keinen Schrecken, sondern Frohsinn und Heiterkeit hervor.

»What's right with Germany?«, fragte das Magazin *Time* schon vor Jahren in einer Titelgeschichte und stellte ziemlich erstaunt eine neue Coolness jenes Landes fest, das bis dato für sein Sauerkraut ebenso berühmt gewesen war wie für seine Humorlosigkeit. Auch dieses Vorurteil löst sich unter dem Dauerbeschuss satirischer Salven auf den Bühnen der Republik – in Wort, Schrift und Bild – immer mehr in Luft auf. Mit der 19-jährigen Lena, dem neuesten deutschen Fräuleinwunder, Siegerin des *Eurovision Song Contest* 2010, präsentierte sich eine fröhlich-selbstbewusste Unbefangenheit, die nicht mehr mit der Gnade einer späten Geburt in Verbindung und in Verlegenheit gebracht werden konnte. Sie war nur eine freche Göre aus Hannover, geboren anno 1991, im Jahr eins nach der Wende.

Selbst die deutsche Leberwurst hat gegenüber der französischen Paté gehörig aufgeholt. Sie wird jetzt gern im Glas oder als feine Konserve mit exquisiter Herkunftsbezeichnung angeboten. Eine Delikatesse frisch aus der Region. Auch nicht zu unterschätzen: die Spreewaldgurke.

So könnte also alles ganz prima und entspannt sein. Doch natürlich beharren auch wir Deutschen, trotz der gewonnenen Weltoffenheit, auf unseren unverwechselbaren Eigenarten, die in Jahrhunderten gewachsen sind. Neben der ewigen Frage nach der »Identität« – wer sind wir, woher kommen wir, wohin gehen wir und warum eigentlich die ganzen Umstände? – steht die Selbstzerknirschung an vorderster Front: die Kultur des Jammers und der Klage, der Hang zu Schwermut und Unglück, die faustische Suche nach der letzten Wahrheit und das dumpfe Gefühl, dass immer irgendetwas fehlt zur vollkommenen Glückseligkeit. Wenn sie dann doch mal für einen winzigen Augenblick erreicht scheint, findet sich im Handumdrehen ein neues Problem, ein Skandal oder eine apokalyptische Bedrohung, und schon ist es aus mit dem inneren Gleichgewicht. Dann heißt es wieder zittern, jammern, klagen und immer an das böse Ende denken.

Die Aufgabe, das Unglücksgefühl der Deutschen auf möglichst hohem Pegelstand wachzuhalten, kommt vor allem den politischen Talkshows in den öffentlich-rechtlichen Sendern zu. Abend für Abend wird hier das mentalitätsmäßig immer schon vorhandene Empörungspotenzial aktiviert und auf regelrechten Fieberkurven in die emotionale Umlaufbahn der kochenden Volksseele geschossen. Nahtlos kann man dabei an die *Lust am Untergang* anknüpfen, die der Schriftsteller Friedrich Sieburg schon 1954 diagnostiziert hat: »Die Welt oder wenigstens den Menschen an den Abgrund zu führen, war von jeher Sache der Deutschen.«

Neu ist nur, dass es inzwischen reicht, über fehlende Kita-Plätze oder Verfehlungen einzelner Politiker zu schwadronieren, um ein Bild flächendeckenden Elends zu zeichnen, von dem der Zuschauer sich kurz vorm Zubettgehen eigentlich nur schaudernd abwenden kann. Hört man Vertretern von Sozial- und Wohlfahrtsverbänden zu, den professionellen Lautsprechern der Betroffenheitsindustrie, dann ist das Überleben hierzulande eine tägliche Katastrophenübung. Deutschland, ein Notstandsgebiet.

Dieser hysterischen Selbstwahrnehmung entspricht spiegelverkehrt das exakte Gegenteil: die systematische Beschönigung und Verharmlosung kritikwürdiger Zustände, die nicht ins politisch korrekte Raster passen. Dass ein großer Teil der Massenmedien an dieser Realitätsverweigerung mitwirkt, wurde schon beschrieben. Doch wer einmal hautnah erleben will, wie hartnäckig und tief verwurzelt die Abwehr gesellschaftlicher Wirklichkeit ist, der besuche einfach eine Parteiveranstaltung der *Sozialdemokratischen Partei Deutschlands* – oder eine ähnliche Zusammenkunft fast jeder anderen Partei.

Hier, wo das Parteivolk auf seine Führung trifft, wird der zuweilen überstrapazierte Begriff der »political correctness« zur anschaulichen, greifbaren Erfahrung – wie am Abend des 15. Oktober 2012, als Heinz Buschkowsky, *SPD*-Mitglied seit 1973 und Bezirksbürgermeister von Neukölln, im Willy-Brandt-Haus, der Berliner Parteizentrale, sein Buch *Neukölln ist überall* vorstellte. Mehrere hundert Zuhörer waren gekommen, viele mussten stehen.

Bei einigen Buschkowsky-Gegnern konnte man zuschauen, wie die Temperatur im linken Dampfdruckkessel von Minute zu Minute stieg. So versuchte *SPD*-Bundesschatzmeisterin Barbara Hendricks in ihren einleitenden Worten, die Wogen zu glätten, bevor die erste Welle überhaupt angekommen war. Es schien so, als sei ein Teufel mit Namen Heinz in die Wärmestube der *SPD* gefahren, wo die Welt noch in Ordnung ist und man sich verwundert die Augen reibt, dass es noch andere böse Dinge gibt als die Rente mit 67. Zum Beispiel Schulen in Neukölln, in denen nicht nur der Anteil von Migrantenkindern über neunzig Prozent liegt, sondern auch die Zahl jener Schüler, die von jeder Zuzahlung bei Lernmitteln befreit sind, weil ihre Eltern von Hartz IV und anderen Sozialleistungen leben. Bis zu zwei Jahre sind diese Kinder im Rückstand, ein Handicap, das kaum noch aufzuholen ist.

Als es schließlich zum ersten kleinen Schlagabtausch zwischen Buschkowsky und Aydan Özoğuz, der stellvertretenden *SPD*-Vorsitzenden mit Doppelbonus – Frau *und* Migrationshintergrund – kam, verwandelte sich die Bundesschatzmeisterin in die Bundesbeauftragte zur Verhinderung eines echten Streitgesprächs unter Genossen und würgte die Debatte konsequent ab. Der Rest ging im versöhnlichen Pseudo-Diskurs unter, der keinem wehtat. In der Partei August Bebels und Willy Brandts ist es unmöglich geworden, öffentlich über drängende soziale Probleme zu diskutieren. Ein Armutszeugnis.

Nur der außergewöhnliche Mut von Heinz Buschkowsky und der sensationelle Erfolg seines Buches haben seine Partei überhaupt dazu gebracht, die Simulation einer Debatte zu wagen, die man dann vielleicht doch lieber Günter Jauch überlassen sollte. Es bleibt die Frage, welche tief sitzenden Ängste eigentlich dafür verantwortlich sind, dass ausgerechnet die Partei, die sich seit 150 Jahren für die Lösung sozialer Probleme einsetzt, vor den realen Konflikten der multikulturellen Gesellschaft schon im Ansatz kapituliert. Das Verschweigen kritischer Zustände jedenfalls leistet nur der Entwicklung einer neuen Unterschicht Vorschub, die keine Anbindung mehr an die demokratische Mehrheitsgesellschaft hat, weder ökonomisch noch politisch, weder kulturell noch bildungsmäßig. Eine Feigheit, die sich rächen wird. Und eine Zeitbombe für die Zivilgesellschaft.

Mutig sind dafür andere. Kerim Pamuk, 1970 in der Türkei geborener Autor und Kabarettist, der erst im Alter von neun Jahren nach Deutschland kam, stimmt Buschkowskys Problembeschreibung ausdrücklich zu: »Arabische und türkische Jugendliche, die marodierend durchs Viertel ziehen und ihre Aggressionen, ihren Frust vornehmlich an Deutschen auslassen und weder Lehrer noch die Polizei ernst nehmen … Ganze Straßen wie die Sonnenallee, in denen man nur noch arabische Schilder und arabische Läden findet, vor denen Wasserpfeife rauchende Männerhorden sitzen und jede vorbeilaufende Frau belästigen. Arabische und türkische Eltern, die zwar kaum ein Wort Deutsch sprechen, aber Experten sind, wenn es darum geht, Transferleistungen zu beantragen oder mit einem ärztlichen Gutachten ihre Töchter vom Schwimmunterricht befreien zu lassen. Frustrierte einheimische ›Bio-Deutsche‹, die ihren Kiez nicht mehr wiedererkennen, alltägliche Belästigungen durch Anmache, Pöbelei und Lärm nicht mehr ertragen und wegziehen – genauso wie Einwanderer, die seit Jahrzehnten im Land leben, sich ein neues Leben aufgebaut haben, aber nicht mehr einsehen, warum sich die Töchter auf der Straße vor selbst ernannten islamischen Sittenwächtern rechtfertigen müssen, weil sie keine Kopftücher tragen. Ängstliche Polizisten, die bei Konflikten beide Augen zudrücken oder gar nicht erst eingreifen, weil sie nicht selbst Opfer tätlicher Gewalt werden wollen. Ein Viertel, in dem Gesetze keinen Pfifferling mehr wert sind und immer mehr das Recht des Stärkeren den Alltag bestimmt.«

Ist das nun Rassismus? Oder einfach nur die Benennung von Tatsachen, mit denen man sich auseinandersetzen muss? Der Rassismus-Vorwurf jedenfalls ist die allerbilligste Münze im Kampf gegen eine unbequeme Wirklichkeitsbeschreibung, die das eigene Weltbild bedroht. Ohne Schizophrenie geht das freilich selten ab. Während das schrill-bunte Anderssein von Einwanderern im linken Multikulti-Diskurs gefeiert wird – nicht zuletzt als Wundermedizin gegen dumpfes Deutschtum –, werden die negativen Aspekte verdrängt oder als Fantasien rassistischer Wahrnehmung denunziert. Während die Kultur, Mentalität, ja sogar die Religion der Migranten geradezu bewundert wird, dürfen die problematischen Aspekte dieses Andersseins nur ominösen »Strukturen« angelastet werden, die von der tendenziell repressiv-faschistoiden deutschen Gesellschaft zu verantworten sind. Die berüchtigte Bringschuld der Integration ist so allein Sache der »Bio-Deutschen«. Auf diese Weise degradiert man Migranten zu Opfern, schlimmer noch: zum empirischen Objekt deutscher Moralprediger, die nichts auf ihr linkes Glaubensbekenntnis kommen lassen wollen.

Eine besondere Variante, unbequeme Konflikte sprachlich einfach wegzudefinieren, präsentierte die neue Berliner Integrationsbeauftragte Monika Lüke, 43, die früher in den Diensten von *Greenpeace* stand. »Die Migranten sind nicht die anderen – das sind wir«, behauptete sie und ließ so jedes Problem zwischen Einwanderern und Mehrheitsgesellschaft durch die reine Kraft der Semantik verschwinden. Ein famoser Zaubertrick.

Typisch für diese Haltung der unbeugsamen Wirklichkeitsverweigerung ist auch die Reaktion der *Grünen* in Neukölln, die im Stil von *Radio Moskau* feststellen: »Wir haben die diskriminierenden Inhalte des neuen Buches *Neukölln ist überall* von Heinz Buschkowsky erschrocken zur Kenntnis genommen und sprechen uns entschieden gegen die vielen verleumderischen Äußerungen gegenüber Neuköllnerinnen und Neuköllnern aus … Herr Buschkowsky verbreitet mit seinem Buch durch unreflektierte und aufgebauschte Angstszenarien einen schlechten Ruf über unseren Bezirk und beruft sich dabei hauptsächlich auf seine subjektive Wahrnehmung der

Neuköllner Wirklichkeit … Wir solidarisieren uns mit allen in Buschkowskys Buch stigmatisierten Neuköllnerinnen und Neuköllnern.« Ende der Lautsprecherdurchsage im Politbürodeutsch.

Damit nicht genug. Selbst eine Anfrage in der Neuköllner Bezirksverordnetenversammlung, wie es um die Finanzierung von Zweit- und Drittfrauen muslimischer Männer durch Sozialhilfe und Hartz IV stehe, wird umstandslos als Diskriminierung und »Stigmatisierung des Islam« verurteilt, die populistische Ressentiments schüre.

Die *Grünen*, an die *ich* mich erinnere, hätten zuallererst nach der Rolle der Frau gefragt, die vom muslimischen Pascha mit den von ihm gezeugten Kindern in irgendwelche Wohnungen abgeschoben und anschließend zum Sozialamt oder Job-Center geschickt wird. Vierzig Jahre nach Beginn der Frauenbewegung hat der pseudolinke Kulturrelativismus dafür gesorgt, dass selbst die patriarchalische Vielehe unter dem Schutz des grünen Weltverbesserungsprogramms steht und gegen die Zumutungen der demokratisch-säkularen Gesellschaft verteidigt werden muss. Bald wird womöglich auch die Burka als Symbol der weiblichen Befreiung gelten. Sandra Maischberger hat es in ihrer Talkshow vorgemacht: Zum ersten Mal in der deutschen Fernsehgeschichte saß eine komplett verschleierte Frau im Studio und sprach über das Glück der Polygamie.

Es sind dies Momente, in denen ich mich ernsthaft frage: Bin ich jetzt reaktionär?! Oder sind es die anderen? Sind die einfach gaga, irre, nicht mehr ganz dicht?! Gerade wir alten Linken, erst recht die feministisch engagierten Frauen, hatten doch mit Religion »nichts am Hut«, wie es so schön hieß, von unschönen Kraftausdrücken zu schweigen. Allenfalls an

Weihnachten ließen wir uns zur Christmette mitschleppen. Die meisten flohen zu Freunden, möglichst weit weg von Weihrauch und Glockengeläut. Das mag sich im Lauf der Jahre geändert haben, doch woher kommt plötzlich dieses innige Verständnis für den Islam, den einzigen Monotheismus, der, anders als Judentum und Christentum, niemals wirklich mit der Aufklärung in Berührung kam? Und warum eigentlich die ständige Warnung vor »Islamophobie«, ganz so, als handle es sich dabei um eine schwere, unheilbare Krankheit?

Ist es etwa nicht eine Tatsache, dass der Islam jene Religion auf der Welt ist, die gegenwärtig die meisten und brutalsten Fanatiker und Terroristen hervorbringt? Wo hört man lautstarke Proteste der *Grünen*, wenn im Nahen Osten und in Afrika Hunderte Christen von muslimischen Milizen abgeschlachtet werden? Und wie verhält sich der tapfere Widerstand gegen »Islamophobie« zu den antisemitischen Ressentiments, die im Kampf gegen »Zionismus« und »US-Imperialismus« zutage treten, vor allem bei den Restbeständen jener »Friedensbewegung«, die lieber Assad und Ahmadinedschad beisteht als den Opfern der Tyrannei?

Samuel Schirmbeck, von 1991 bis 2002 *ARD*-Fernseh- und Hörfunkkorrespondent in Nordafrika, zieht nach jahrelangen Erfahrungen in Marokko, Algerien und Tunesien seine ganz eigene Bilanz. Sie passt in einen Satz: »Der Islam ist die Versiegelung des Denkens.« Mit großer Verwunderung verfolgt der Alt-68er, der seine journalistische Karriere bei *Agence France Presse* (*AFP*) in Paris begann, die Diskussion über die Rolle des Islam in der westlichen Welt: »Die Islamdebatte der vergangenen Jahre hat mich fünfzig Prozent meiner Freundschaften gekostet«, sagt er im Gespräch. »Es ist doch verrückt: Die Linke hat immer den Freiheitsgedanken verkörpert, gegen religiöse Heuchelei und Unterdrückung gekämpft. Wenn man zehn Jahre erlebt hat, wie furchtbar Gesellschaften ohne Aufklärung leben, packt einen bei den Angriffen auf jeden Islamkritiker die Wut. Ist es womöglich immer noch die Last der Nazischuld, die dazu führt, dass der Glaube der Fremden gegenüber der eigenen Kultur als moralisch überlegen empfunden wird?«

Die Frage ist erlaubt, aber letztlich nicht zu beantworten. Denn auch in anderen Teilen der Welt macht sich falsche Toleranz gegenüber Tendenzen breit, religiösen Imperativen im Alltagsleben unserer säkularen Gesellschaft immer mehr Raum zu geben – ob in der Kopftuchdebatte oder beim Gebetsteppich in der Schule, beim fleischlosen Kantinenessen oder bei prüfungsfreien Tagen für muslimische Schüler, die während des Ramadan am Tage nichts essen dürfen. Längst schon unterminieren sogenannte islamische »Friedensrichter« rechtsstaatliche Strafprozesse, bei denen am Ende der Chef des involvierten Clans, also der jeweils Stärkste, den Sieg davonträgt, der dann unter »gütlicher Einigung« firmiert.

Auch das Berliner Arbeitsgericht marschiert an der vordersten Front des vermeintlichen Fortschritts. Im März 2012 erkannte es einer jungen muslimischen Frau, die sich als Zahnarzthelferin beworben hatte, eine Entschädigung von 1.470 Euro zu. Grund: Der Zahnarzt beharrte darauf, dass sie in den Dienstzeiten ihr Kopftuch ablegen müsse. Diese Forderung aber, so die Richter, verstoße gegen das Recht auf freie Religionsausübung. Ein klarer Fall für das *Allgemeine Gleichbehandlungsgesetz* vulgo *Antidiskriminierungsgesetz*. Warum aber muss die Religionsfreiheit auch noch zwischen Bohrer, Betäubungsspritze und Amalgamfüllung ausgeübt werden?

Und was ist dann mit der muslimischen OP-Schwester im Ramadan? Die Richter wissen es genau und heben den gestrengen Zeigefinger der Volkserziehung: »Die Frau mit Kopftuch gilt als unemanzipiert und rückständig«, heißt es in der Urteilsbegründung, und man sieht förmlich das Kopfschütteln der Robenträger, die hier zugleich Religionsphilosophen, Islamwissenschaftler, Historiker und Soziologen sind. »Dabei ist sie in Wahrheit nicht verkehrt, sondern nur anders. Und Mensch unter dem Schutz der Gesetze.«

Da ist es wieder, das Zauberwort »anders«. Anders, nicht eigen. Vielleicht liegt hier die übergreifende Erklärung für das Rätsel des grassierenden Irrsinns politischer Korrektheit: Das *Andere* ist gut, das *Eigene* aber schlecht und westlich-verdorben. So versteckt sich das europäisch-abendländische Ich bis zur Selbstverleugnung, macht sich ganz klein und fühlt sich dennoch schuldig an allem, was geschieht. »Das Schluchzen des weißen Mannes« nannte das vor Jahren schon der französische Autor Pascal Bruckner. Dabei geht das ganze Sinnen und Trachten des guten Deutschen danach, niemals mehr böse, brutal und ungerecht zu sein. »'s ist Krieg! 's ist Krieg! / O Gottes Engel wehre, / Und rede Du darein! / 's ist leider Krieg – und ich begehre / Nicht schuld daran zu sein!«, bangte schon 1774 der Dichter Matthias Claudius.

Dieses Unschuldsbegehren ist bis heute das verzerrte Spiegelbild der Schuld- und Minderwertigkeitsgefühle. Fehlendes Selbstbewusstsein korrespondiert mit Weltrettungsfantasien, Ich-Schwäche mit Selbstüberschätzung. In einer Münchner Luxusklinik, so hört man, werden schon mal die Kreuze abgehängt, wenn die vollverschleierte saudische Kundschaft anrückt, um sich Bauch, Beine und Po straffen zu lassen. Geschäftstüchtig ist man ja.

Bemerkenswert übrigens, dass auch beim Berliner Arbeitsgericht die gute Gesinnung weitaus stärker ausgebildet scheint als die Beherrschung von Syntax und Grammatik. Doch selbst an diesem eher abgelegenen Frontabschnitt des progressiven Alltags ist Hilfe schon unterwegs. »Mach isch disch Füllung, Alder!«, hätte eine imaginäre Zahnarzthelferin mit Kopftuch zum Patienten sagen können, den der Backenzahn schmerzt.

Wer an dieser Stelle entsetzt ausruft: »Es reicht! Das ist doch echt reaktionär jetzt, voll krass die Diskriminierung, ey!«, dem sei gesagt: »Kiezdeutsch ist kein falsches oder schlechtes Deutsch, sondern eine sprachliche Varietät, die in sich stimmig ist.« Das behauptet zumindest die Potsdamer Sprachwissenschaftlerin Prof. Dr. Heike Wiese. Und sie weiß noch mehr: »Neue Aufforderungspartikel« wie »Musstu« oder »Lassma!« seien ebenso wie das Weglassen von Präpositionen (»Geh isch Aldi«) der avantgardistische Teil eines »neuen, dynamischen Turbo-Dialekts«, der das Hochdeutsch »systematisch und produktiv« bereichert. Auch hier müssen natürlich wieder rechtspopulistische Ressentiments ausgeräumt werden: »Es geht mir auch darum, dem Vorurteil entgegenzuwirken, man habe es mit einer reduzierten Grammatik zu tun«. »Gehst du Schule, Alder!« heißt also die Losung der Zukunft. Ähnlich wie beim »Gender Mainstreaming« geht es beim »German Mainstreaming« zugleich darum, soziale Hierarchien abzubauen, Herrschaftsstrukturen und die Arroganz der Bessersprechenden. Dieses hehre Ziel hat sich auch das öffentlich-rechtliche Fernsehen gesetzt und bereichert die wunderbare Varietät der deutschen Sprache, indem man dort immer wieder nachfragt: »Kann Steinbrück Kanzler?« »Musstu warten, bis gewählt,

Alder!« wäre unsere Antwort. Doch auch die Werbeindustrie macht mit und dröhnt uns die Ohren voll mit Botschaften wie »So muss Technik!« »Weisse Bescheid, Schätzelein!«, grunzt Horst Schlämmer im Hintergrund. Und irgendeiner fragt dazwischen: »Brauchst du Problem, Alder? Kriegst Du Problem!«

Man sieht: Der progressive Alltag lebt.

4. Kapitel

Verrückte Welt
oder
Die Freiheit, sich von der Wirklichkeit irritieren zu lassen

Wer in der zweiten Hälfte seiner Fünfziger angekommen ist und sich noch an Flipper, den klugen Delfin, die bezaubernde Jeannie, Fred Feuerstein und Barney Geröllheimer erinnern kann, verfällt zuweilen schon mal ins Grübeln über den Stand der Dinge. Dabei geht es gar nicht immer um die große Welt, den Lauf der Geschichte, Vergangenheit und Zukunft und ob der Fortschritt eine Nacktschnecke ist. Nein, auch das eigene kleine Ich verlangt nach einer Zwischenbilanz. Manchmal erwische ich mich schon dabei, wie ich im Geiste eine persönliche Statistik meiner »Lebensarbeitsleistung« erstelle, die ja zunächst nur eine quantitative Aussagekraft hat. Immerhin komme ich dabei auf mindestens fünfunddreißig Arbeitsjahre, eine Zahl, die sogar die Rentenversicherungsanstalt des Bundes anerkennen müsste.

Gar nicht mal so schlecht, finde ich. Nach dem ganzen Schlendrian in der Studentenzeit, nach jahrelanger beruflicher Unsicherheit, politischen wie biografischen Brüchen und sonstigen Wechselfällen des Lebens verfüge ich tatsächlich über eine »Erwerbsbiografie« mit derzeit 29,3935 »Entgeltpunkten«, was immer das genau heißen mag. Und das, obwohl »Beruf« und »Berufstätigkeit« in unseren besten Jahren eigentlich unter das Verdikt einer verachtungswürdigen Verbürgerlichung fielen.

Jetzt sind es also gar nicht mehr so viele Jahre, die mich vom offiziellen Eintritt ins Rentenalter trennen, und plötzlich schaut man zum ersten Mal genauer hin und liest in den amtlichen Mitteilungen seltsame Worte wie »Rentenanwartschaft«, »Regelaltersrente« und »Zusätzlicher Vorsorgebedarf«. Eine fremde Welt, so schien es bislang. Ein Kosmos, so fern wie der Mond. Niemals wollte man diese Todeszone am Eingang des Hades betreten. Das dunkle Schattenreich war etwas für die anderen, für alte Herren mit schlecht sitzendem Hut, beigefarbenem Blazer und knorrigem Stock.

Doch längst haben diesen einst so ersehnten Zustand des sozialstaatlichen Nirwana auch gute Freunde erreicht, unter ihnen Veteranen der Revolte, denen Lebensversicherung, Bausparvertrag und Inhaber-Schuldverschreibung stets Hekuba waren, ein Graus. Zwar sind sie nun stolze Besitzer einer Seniorenkarte und haben sowohl den wöchentlichen Altherren-Kick als auch das alpine Skifahren 70 plus aufgegeben – dennoch fühlen sie sich noch so gut wie mitten im Arbeitsleben.

Ausgerechnet die früheren Apostel der aufgeklärten Anarchie, die Anwälte des Rechts auf Faulheit und Selbstverwirklichung erweisen sich nun als die wahren Vertreter der protestantischen Arbeitsethik. Gerade den Jungen von heute, die mehr an ihrem Bachelor als an der Weltlage verzweifeln, wollen sie zeigen, dass immer noch mit ihnen zu rechnen ist. Die Losung des *forever young* ist zwar auch in die Jahre gekommen, aber jetzt geht es um den existenziellen Kampf gegen die unheilvolle Macht der Natur, die der schier unversiegbaren Kraft der Utopie auf unverschämte Weise absolute Grenzen setzt.

Sogar ich nehme meine Rentenanwartschaft immer noch auf die leichte Schulter, auch wenn im Freundeskreis schon mal über Alters-Wohngemeinschaften, Seniorenheime und andere Exit-Strategien diskutiert wird. Doch nur wenige gehen hier wirklich strategisch und konsequent vor. Am Ende sind die meisten Träumer geblieben. Immer noch herrscht ein optimistischer Zukunftsglaube vor, der von der Unwahrscheinlichkeit des eigenen Überlebens bis zur Jahrhundertmitte großzügig absieht. Wenigstens an diesem Punkt gönne ich mir einen sarkastisch abgefederten Realismus: Da ich die befürchteten Folgen der Klimaerwärmung ziemlich sicher unter Tage oder, so Gott will, von ganz weit oben erleben werde, konzentriere ich mich auf andere, näherliegende Problemlagen.

Wie auch immer – *ein* Rollenwechsel im virtuellen Vorruhestand des Lebens ist nicht zu bestreiten: Wie im Flug ist man zum Zeitzeugen geworden, zu jemandem, der fast ein halbes Jahrhundert zurückblicken kann, ohne googeln zu müssen. Die Ermordung von John F. Kennedy am 22. November 1963 ist mir immer noch so präsent wie die erste Mondlandung. Unsere Eltern weckten mich und meinen kleinen Bruder extra auf, als die unfassbare Nachricht vom Tod des amerikanischen Präsidenten um die Welt ging. Wenige Monate zuvor war er in Berlin noch von Hunderttausenden begeistert gefeiert worden. Es war, als nähme ein großes Unheil seinen Lauf. Kein Mensch, so viel verstanden wir, sollte damals schlafen gehen.

An den Tod Konrad Adenauers am 19. April 1967 erinnere ich mich, weil unser Musiklehrer, der sonst gern ausführlich von seinen gezielten Handgranatenwürfen auf den russischen Feind erzählte (was gerade einmal 22 Jahre her war), uns aufstehen und Haltung annehmen ließ, nachdem der Direx den

Lehrkörper des Gymnasiums informiert hatte. Willy Brandts Kniefall am Mahnmal des Warschauer Ghettos schließlich sah ich am Abend des 7. Dezember 1970 im Fernsehen – wie zwei Jahre zuvor schon den Einmarsch der sowjetischen Truppen in Prag.

Danach ließ mich Politik nicht mehr los. Stunden-, ja tagelang verfolgte ich Anfang der siebziger Jahre die Bundestagsdebatten zur Ostpolitik – eine wahre Schule des parlamentarischen Streits, der bis an die Grenze physischer Auseinandersetzung ging. Leidenschaftlich wogte die Debatte zwischen Willy Brandt und Rainer Barzel, Herbert Wehner und Franz Josef Strauß hin und her, und ich, damals fünfzehn, war mal von diesem Argument hingerissen und mal von jenem. Dass es nie nur die eine Wahrheit gibt, sondern stets auch eine Gegenposition, wurde beinahe körperlich spürbar.

Dass es trotz der historischen Dramatik bei Worten blieb, war selbst schon eine Lektion über die zivilisierende Wirkung demokratischer Verfahren. Leider hatte ich sie ein paar Jahre später, in meiner linksradikalen Phase, wie so viele andere Generationsgenossen wieder vergessen. Mühsam mussten wir uns in den achtziger Jahren den unschätzbaren Wert parlamentarischer Demokratie, theoretisch wie praktisch, wieder aneignen.

Wenn ich heute mit meinem Studienfreund Fritz alle paar Wochen im guten alten Kreuzberg mittagessen gehe, reden wir gar nicht so viel über die vergangenen Tage. Aber sie wirken nach. Nicht nur, was die politische Leidenschaft betrifft, die sich durch alle sonstigen Veränderungen erhalten hat – noch stehen Krankheiten und andere Altersbeschwerden nicht im Mittelpunkt –, sondern auch durch die merkwürdig verschobene Perspektive auf der Zeitachse. Gewiss stecken wir noch mitten in der Alltagshektik, aber ein Hauch von Seniorität legt sich schon mal über unsere Gespräche, eine Ahnung, wie es sein wird, wenn wir dereinst auf der Parkbank in der Sonne sitzen werden und von diesem krisensicheren Ort aus, zwischen Bäumen und Büschen, die Weltläufe kommentieren. »Wenn der Senator erzählt«, spottete 1968 Franz Josef Degenhardt mit seiner Klampfe, und auch wir sind durchaus in Gefahr, in einer retrospektiven Wahrnehmung der Gegenwart zu versinken, wie Untote, die sich eigentlich schon von der Bühne verabschiedet haben und trotzdem irgendwie weitermachen.

Dennoch, und so peinlich es klingen mag: Unzweifelhaft bietet sich dem Blick, der über ein paar Jahrzehnte hin und her schweifen kann, ein anderes Bild als jenes, das die Medienhysterie des Augenblicks gerade unters quotengeile Brennglas gezerrt hat. So hocken wir dann beim Sushi, bewegen die dünnen Stäbchen und betrachten die Dinge mit einigem Abstand. Manchmal sehen wir draußen auf der Bergmannstraße einen alten Genossen vorbeilaufen, etwas gebeugt und nicht mehr ganz so jugendfrisch wie Anfang 1970, als er der letzte Vorsitzende des legendären *SDS* vor seiner Selbstauflösung war.

Doch kaum hat man ihn angesprochen, schießt das 68er-Gen wieder ins Kraut, und schon ist man mittendrin im intellektuellen Handgemenge, im Furor der Welterklärung. Die Empörungsbereitschaft ist immer noch beachtlich und kann in Sekundenbruchteilen aktiviert werden. Manchmal ist sie vom sprichwörtlichen Zorn der alten Männer nur schwer zu unterscheiden, der sich gegen alles Mögliche richten kann. So kommt es auch vor, dass ein ehemaliger Außenminister mit Straßenkämpfer-Vergangenheit, ein erfolgreicher Schriftsteller mit Revolte-Erfahrung und ein emeritierter Großjournalist auf dem Trottoir in Charlottenburg beisammenstehen und sich über jugendliche Kampfradler echauffieren, die den Bürgersteig als Rennstrecke und Hindernisparcours für Querfeldein-Raser verstehen.

Der seltsame Perspektivenwechsel kennt viele Facetten, und unser Kopf ist rund, damit das Denken die Richtung wechseln kann, wie Francis Picabia sagt. Doch auch die Erde dreht sich immer weiter, was das Problem verkompliziert. Immer häufiger stellt sich ein Gefühl von Ungleichzeitigkeit ein, andersherum: von der Gleichzeitigkeit unterschiedlicher Entwicklungen, die sich auch noch in unterschiedlicher Geschwindigkeit vollziehen. Lebte ich vor ein paar Jahrzehnten noch im subjektiven Vollgefühl einer eindeutigen Zeitgenossenschaft, so frage ich mich heute immer mehr, was ich eigentlich tatsächlich wahrnehme und erlebe – und was bloß ein völlig verzerrtes, imaginäres, ja surreales Patchwork ist, vor dem selbst das eingeübte kritische Denken kapitulieren muss. Jene »neue Unübersichtlichkeit«, die Jürgen Habermas schon vor dreißig Jahren konstatierte, kommt erst jetzt zu ihrer vollen Entfaltung. Mein Freund Fritz schlägt schon vor, dass wir uns auf die alten Tage noch mal in ein Uni-Seminar der Wirtschaftswissenschaften schleichen, um unseren Sushi-Stammtisch wissenschaftlich fundierter betreiben zu können. An der Berliner Humboldt-Universität gebe es zum Beispiel ein Seminar mit dem vielversprechenden Titel *Advanced Financial Economics II*.

Doch ich bin da eher skeptisch. Gerade die sogenannten Wirtschafts- und Finanzexperten haben sich in den vergangenen Jahren immer wieder auf groteske Weise geirrt. Um diese Schmach zu beheben, steigern sie sich im Akt der Übersprungshandlung in immer neue waghalsige Prognosen und steile Thesen, als gehe es darum, den *Kassandra-Cup* der *Munich Re* zu gewinnen.

Freilich können viele dieser pseudowissenschaftlichen Wahrsager darauf vertrauen, dass die Öffentlichkeit ihre Voraussagen schneller vergisst, als ein Teller Spaghetti vertilgt ist. Wenn einige unter ihnen jede Inflationsgefahr als Folge der gigantischen Geldflutung durch EZB und ESM kategorisch ausschließen, kann man sicher sein, dass sie bei Eintritt des Gegenteils längst an ganz anderen Frontabschnitten des vagabundierenden Prophezeiungsgewerbes unterwegs sind und den kometenhaften Aufstieg Grönlands annoncieren, das vom dramatisch schmelzenden Packeis profitieren werde. Denn ihr wahres Fachgebiet heißt »Aufmerksamkeitsökonomie«. Heute hier, morgen da, Hauptsache, man wird überhaupt bemerkt. Von Wahrheit hat keiner gesprochen. Halten zu Gnaden: Die Kunst, einen rasanten Zickzackkurs als geradlinige Haltung auszugeben, beherrschen auch Journalisten, deren zweite Heimat die Talkshow ist.

Just in diesem Augenblick schlurft draußen ein alter *RAF*-Kämpfer vorbei, an dessen Fahndungsbild vor vierzig Jahren ich mich immer noch gut erinnern kann. Ein fast schon unheimliches Gefühl verrückter Zeitgenossenschaft, das die Frage aufwirft: Was ist eigentlich in der Zwischenzeit passiert? Manch eine(n) kennt man ja ein bisschen und fragt sich: Wie leben die mit ihrer Geschichte, mit ihrer Schuld? Dabei geht es gar nicht vorrangig um Reue, sondern vielmehr um die Reflexion ihrer atemberaubenden politischen Irrtümer. Bei den meisten, so scheint es, hat sich allerdings die gusseiserne Überzeugung des ehemaligen baden-württembergischen Ministerpräsidenten Hans Filbinger durchgesetzt, der zur Nazizeit als Marinerichter an Todesurteilen gegen Wehrmachtssoldaten beteiligt war. Originalton Filbinger: »Was damals Recht war, kann heute nicht Unrecht sein.« Die *SS* machte es noch kürzer:

»Unsere Ehre heißt Treue«. Treue zum Verbrechen bis in den Tod.

Mit preußischer Konsequenz ducken sich auch die linken Ex-Guerilleros in die einmal gegrabene Furche und weigern sich, jene Verbrechen einzugestehen, die nicht zuletzt das eigene Leben zerstört haben. Dass sie, wie die frühere *RAF*-Terroristin Verena Becker, nicht einmal heute die innere Stärke aufbringen, den Mörder des damaligen Generalbundesanwalts Siegfried Buback zu offenbaren, ist moralisch besonders verwerflich. Aber diese spezifische Form revolutionärer Feigheit vor dem Feind verweist auf ein Phänomen, das in der gesamten Linken grassiert: die Angst vor Verrat. Rechtsabweichung. Anpassung. Verbürgerlichung. Käuflichkeit. Es reichte schon der bloße Verdacht, nicht mehr auf Linie zu sein. Manès Sperber nannte dies einmal die »polizistische Geschichtsauffassung«: »Wer es unternimmt, die Geschichte durch alle möglichen Arten von Verrat zu erklären, wird natürlich auch überall Verräter finden«, schrieb Sperber, klassischer Renegat, »Verräter« des europäischen Kommunismus inmitten der Abgründe des zwanzigsten Jahrhunderts. Der 1984 gestorbene jüdische Schriftsteller, der in der ersten Hälfte der vierziger Jahre vor Hitler und Stalin gleichermaßen fliehen musste, wurde mir schon vor mehr als dreißig Jahren zum geistigen Dauerbegleiter und fernen Freund. Im Vorwort zu seiner großen Romantrilogie *Wie eine Träne im Ozean* bot er seinen Lesern die »Einsamkeit« als »einzige Form der Gemeinschaft« an, die jene teilen, »die aus der gleichen Quelle den Mut schöpfen müssen, ohne Illusionen zu leben«.

Etwas kompliziert, ziemlich dialektisch, ein wenig pathetisch, aber doch überzeugend, wenn man den Satz zweimal liest und sich vergegenwärtigt, was der Stalinismus in den dreißiger und vierziger Jahren des vergangenen Jahrhunderts angerichtet hat. Denn es gab zu allen Zeiten Menschen, die sich weigern, mit den Wölfen zu heulen und dafür riskieren, erst einmal allein dazustehen – egal, ob es sich um Galionsfiguren einer unterdrückten Opposition handelt oder um kleinere Gruppen, die, zunächst kaum wahrnehmbar, im Verborgenen agieren. Die Bürgerrechtler in der ehemaligen DDR etwa waren anfangs auch gesellschaftlich isoliert, als sie ihren ganz persönlichen »Landesverrat« begingen und mit der sozialistischen Staatsdoktrin der *SED* brachen, mit der alles beherrschenden Lüge über die wahren Verhältnisse, die wie ein Grauschleier über dem Land lag.

Obwohl ich zu Zeiten meiner ersten Lektüre von Manès Sperber noch an die Utopie einer herrschaftsfreien Gesellschaft glaubte – die Idee, ohne Illusionen zu leben und sich dennoch politisch zu engagieren, beschäftigt mich seitdem wie wenig anderes. Es ist eine Leitfrage: Wie vermeidet man, dass aus tiefer Enttäuschung politische Resignation wird, aus niederschmetternden Einsichten wohlfeile Weltflucht.

Dabei geht es gar nicht darum, auf Ideen und Projekte, Vorschläge und Veränderungsmöglichkeiten zu verzichten, sondern um jene Utopieseligkeit, die es sich im virtuellen Reich des Ewigguten bequem macht, weil die Wirklichkeit gleichsam von Natur aus zum Reich des Bösen gerechnet wird. Jede Abkehr von dieser scharfen Entgegensetzung – hier die schlechte, verhängnisvolle Realität, dort das Himmelreich der Utopie – kommt dann tatsächlich einem Verrat gleich. Mehr noch: Jedes Arrangement, jeder Kompromiss mit dem grundbösen Status quo gilt gleichermaßen als Abfall von der reinen Lehre des permanenten Widerstands.

Jutta Ditfurth, die auf ihre alten Tage immer noch als Maskottchen des guten alten Linksradikalismus durch die Polit-

Talkshows tingelt, beherrscht das Handwerk dieser Spezialform der Denunziation perfekt. Ende der neunziger Jahre, zu Beginn der Regierung Schröder/Fischer, die den Atomausstieg beschlossen hatte, schrieb sie in einer aufsehenerregenden Serie für das inzwischen eingestellte Boulevard- und Busenblättchen *Neue Revue* unter dem Titel *Zahltag, Junker Joschka*: »Heute zählt für die Grünen nicht mehr, dass Menschen an Krebs oder Immunschwäche durch radioaktive Niedrigstrahlung krank werden und sterben können. Auch über den möglichen AKW-Störfällen liegt das Schweigen der Postenjäger. Was bedeuten schon Tod und Unglück, wenn die Gier nach Anerkennung durch die Herrschenden und nach Bereicherung treibt? Die *Grünen* liegen vor der Atomwirtschaft so weit auf den Knien, dass man sie bequem in den Arsch treten kann.«

Die linke Anschwärzerin im rechten Schmierenblatt – das passte irgendwie. Aber um die *Grünen* allein ging es gar nicht. Als »Ökofaschist«, »Rassist«, »Karrierist« und »Kriegstreiber« beschimpft die 62-jährige Dauer-Revolutionärin aus dem Frankfurter Nordend jeden, der Ulrike Meinhof nicht als Heilige Johanna der Schlachthöfe bewundert wie sie. Es braucht nicht viel Fantasie, um diesen Ton persönlicher Verunglimpfung und ideologischer Unversöhnlichkeit als spätes Echo stalinistischer Methoden zu erkennen: Es gilt, den Feind in den eigenen Reihen zu entlarven und unschädlich zu machen. Ein Glück, dass die revolutionäre Scharfrichterin niemals die Gelegenheit hatte, eine Geheimpolizei zu gründen wie einst Feliks Edmundowitsch Dserschinski, der erste Chef der bolschewistischen *Tscheka* in Moskau, Vorläuferin des *KGB*.

Revolution oder Reaktion – dazwischen existiert nichts in dieser apodiktischen Schwarzweiß-Perspektive, und so ist auch die Vergangenheit der europäischen Linken voll von erbitterten, oft blutigen Richtungskämpfen, endlosen Auseinandersetzungen um Strategie und Taktik, Abspaltungen und Neugründungen. Schon die Geschichte der deutschen Sozialdemokratie bietet unendliches Anschauungsmaterial für den Kampf zwischen Revolutionären und Reformern, zwischen jenen, die den Kapitalismus abschaffen wollten, und den Reformern, deren Ziel es war, ihn sozial und demokratisch auszugestalten.

Das ist lange her, die Sache ist entschieden, doch die Frage bleibt: Sind Zweifel und Skepsis immer schon Vorboten des Verrats an der großen Utopie – oder bilden sie nicht gerade jenen Stoff, aus dem überhaupt erst Veränderungen entstehen, die nicht in der totalitären Herrschaft einer Klasse, einer Partei oder eines Diktators enden?

Der Streit darum ist eine uralte Geschichte, von Thomas Morus' frühkommunistischer Fantasieinsel *Utopia* aus dem Jahr 1516 bis zur Losung der *Occupy*-Jünger von New York – sie repräsentierten 99 Prozent der Bevölkerung. Auch wenn diese Behauptung soziologisch wie statistisch reiner Unfug ist: Die Idee, dass die Wirklichkeit sich vom machtvollen Geist formen ließe wie ein junges Bambusrohr, bleibt – wenngleich alles andere als marxistisch –, bis heute vor allem in intellektuellen Kreisen sehr populär. So äußerte die Chefdramaturgin des Schauspiels in Frankfurt am Main unlängst einen Satz, der den linken Glaubenskatechismus schon fast nüchtern-geschäftsmäßig auf den Punkt bringt: »Die Wirklichkeit ist eine Möglichkeit, die komplett verhandelbar ist.«

Komplett verhandelbar, das heißt: Die Wirklichkeit steht zur Disposition, zur freien Verfügung unseres Willens. Von Ferne grüßt hier die radikalfeministische Theorie, die in den

Geschlechterrollen ja auch nur »soziale Konstruktionen« sieht. Aber dass die ganze, in ihrer Vielfalt von keinem Menschen überschaubare und begreifbare Wirklichkeit unserer Welt schlichter Verhandlungsgegenstand des politischen Diskurses sein soll, hört man nicht mehr oft, nicht mal in fortschrittlichen Theaterkreisen, wo viel geredet wird, bis die Kantine schließt.

Doch gerade diese absurde Mischung aus Dummheit und Anmaßung ist auch noch stolz darauf, Zweifel und kritischen Geist auszuschalten, wenn es um das große Projekt der »Umwälzung aller Verhältnisse« geht. Leider fehlen in dieser nicht einmal mehr romantisch zu nennenden Milchmädchenrechnung auf die Zukunft ein paar Kleinigkeiten wie menschliche Unzulänglichkeiten aller Art, moralisches Versagen, anthropologische wie genetische Dispositionen, regionale Traditionen, tief verwurzelte kulturelle Überlieferungen, religiöse Bindungen, geografische und klimatische Besonderheiten, ökonomische Grundtatsachen und die schiere Unmöglichkeit, Berliner Hundebesitzer dazu zu bringen, die Dreckshaufen ihrer verdammten Köter einzusammeln.

Sagen wir es mit Immanuel Kant: »Aus so krummem Holze, als woraus der Mensch gemacht ist, kann nichts Gerades gezimmert werden.«

Die Erkenntnis des großen Philosophen aus Königsberg hat jedoch noch keinen einzigen überzeugten Welterlöser daran gehindert, den Versuch zu unternehmen, das Krumme passend zu machen – wenn es sein muss, mit Gewalt. Die Logik jener, die auf Petitessen keine Rücksicht nehmen, um die endgültige Befreiung der Menschheit zu erringen, beschrieb der russisch-jüdisch-britische Philosoph Isaiah Berlin schon vor Jahrzehnten. Berlin, der 1909 in Riga geboren wurde und die russische Oktoberrevolution noch bewusst erlebt hat, starb 1997 in Oxford. »Welcher Preis sollte zu hoch sein, wenn man die Menschheit zuletzt gerecht und glücklich, schöpferisch und harmonisch machen könnte?«, fragte er rhetorisch und gab die prototypische Antwort aller kommunistisch-sozialistischen Avantgarden der letzten 150 Jahre gleich selbst:

»*Da ich den einzig wahren Weg zur endgultıgen Losung aller gesellschaftlichen Probleme kenne, weiß ich auch, in welche Richtung ich die Karawane der Menschheit treiben muss; und da ihr nicht wisst, was ich weiß, darf euch nicht die geringste Entscheidungsfreiheit zugestanden werden, wenn das Ziel erreicht werden soll ... Und wenn sich aus Unwissenheit oder Böswilligkeit Widerstand erhebt, dann muss er gebrochen werden.*«

Arthur Koestler, Zeit- und Gesinnungsgenosse Manès Sperbers, hat die Konsequenz dieser Denkungsart in seinem Jahrhundertroman *Sonnenfinsternis* für alle Zeiten festgehalten. In den stalinistischen Schauprozessen der dreißiger Jahre, zentraler Handlungsort des Romans, stimmten selbst noch die zu Unrecht des Verrats angeklagten sowjetischen Kommunisten dem eigenen Todesurteil geständig zu, um die Karawane der alsbald für immer befreiten Menschheit nicht aufzuhalten. Der »zwangsläufige« Fortschritt der Geschichte durfte nicht durch Einzelschicksale gefährdet werden. Die Treue zur vermeintlich einzig wahren Idee war wichtiger als das eigene Leben – und das vieler Millionen anderer, die geopfert wurden, um die Zukunft des Kommunismus zu sichern.

Von alldem wusste ich nichts, als ich um das Jahr 1970 herum zu zweifeln begann. Ich zweifelte nicht an der führenden Rolle des Proletariats und der kommunistischen Partei, sondern an der führenden Rolle meines Vaters. Es war der Anfang dessen, was wir später »Politisierung« nannten: die Pubertät der Revolte. Damals, mit fünfzehn, plapperte ich meist noch nach, was mein Vater über den Vietnamkrieg sagte. Es galt, die Kommunisten zu bekämpfen und die Freiheit des Westens zu verteidigen, und dazu war letztlich jedes Mittel recht, auch Napalm. Gewiss, es war nicht schön, aber es musste sein. Außerdem hatten die Amerikaner uns von Hitler befreit.

Auf dem Schulhof hatte ich mit solchen Wortmeldungen keine richtig guten Karten. In den Augen der etwas älteren Schulkameraden war es »reaktionäre Scheiße« oder Schlimmeres. Der Zeitgeist wehte links, und die ersten 68er hatten es als Sozialkundelehrer in den Schuldienst geschafft. Das »Peace«-Zeichen klebte auf jedem zweiten Ringbuch, und Donovan sang das Lied vom *Universal Soldier*. Entscheidend war etwas anderes: Ich hatte den Argumenten der Kriegsgegner, mehr noch: den Fakten über den wahnsinnigen Krieg zwischen Süd- und Nordvietnam, der maßgeblich von den amerikanischen Streitkräften geführt wurde, immer weniger entgegenzusetzen. Manchmal war ich regelrecht sprachlos. Ich spürte, dass ich eine unhaltbare Position vertrat, die von einer ideologischen Prämisse geprägt war und nicht von der unvoreingenommenen Anschauung der Wirklichkeit.

So erfuhr ich zum ersten Mal am eigenen Leib die Kraft des besseren Arguments, das sich im Konflikt mit realen Zuständen entwickelt und nicht mithilfe einer abstrakten »Weltanschauung«, wie mein Vater sein geistiges Rüstzeug damals nannte. Eigentlich stammt der Begriff aus der deutschen Romantik um 1800: »Es ist die Weltanschauung eines jeden, worin die Totalität aller Eindrücke zu einem vollständigen Ganzen des Bewusstseins bis auf den höchsten Punkt gesteigert« werde, formulierte Friedrich Schleiermacher 1813, zur besten

Goethe-Zeit. Der deutsche Idealismus war mit Schelling, Fichte und Hegel auf seinem Höhepunkt angelangt.

Doch schon in der Ära des preußischen Wilhelminismus und erst recht in der Nazizeit war die Weltanschauung eine Sache, die man wie eine Pickelhaube, einen Säbel oder den hochgereckten rechten Arm vor sich her trug. In meiner Zeit waren Lederjacke und schwarzes Halstuch die Insignien der richtigen *Gesinnung* – auch das im Übrigen ein sehr deutsches Wort, dessen unterschwellige Botschaft bis heute gilt: Gesinnung geht vor Anschauung. Hauptsache, man verfügt über eine starke Meinung und die richtige Einstellung. Die hält ein Leben lang. Da lässt man sich von nichts und niemandem irritieren.

Bei mir war es dann doch ein bisschen anders. Die Zweifel an der Richtigkeit der Weltanschauung meines Vaters wurden immer zahlreicher und immer grundsätzlicher. Schließlich ging ich zur Fundamentalopposition über, hielt Vorträge über die Enteignung von Großkonzernen und die Segnungen der Rätedemokratie. Es ging durchaus laut zu, wenn zum rheinischen Sauerbraten über den Sozialismus gestritten wurde. Zur einzigen gewaltsamen Auseinandersetzung kam es, als mein Vater, vollends in Rage geraten, ein Glas Erdbeermarmelade nach mir warf. Gewappnet durch allerlei Demonstrationserfahrung duckte ich mich blitzschnell weg, und so lief die süße Fruchtkonfitüre an der weißen Raufasertapete unseres Eigenheims in Frankfurt-Kalbach herunter. Das Signal war eindeutig: Raus aus dem Elternhaus! Draußen wartete schon die Revolution.

Doch ein paar Jahre später kamen neue Zweifel auf. Die ersten Semester des Soziologiestudiums waren absolviert und der Kopf schwirrte vor lauter Theorien. Mit dem Lesen kam man sowieso nie hinterher, und kaum versah man sich's, lag schon der nächste Habermas im Laden. Von der Dependencia-Theorie, die die spezifische Unterentwicklung Lateinamerikas erklären sollte, bis zum »tendenziellen Fall der Profitrate«, einem berühmten Axiom von Karl Marx zur krisenhaften Entwicklung des Kapitalismus, sog ich alles auf und versuchte, die Zusammenhänge zu verstehen. Dennoch zergrübelte ich hier und da mein Hirn mit der bohrenden Frage, ob das alles wirklich so stimmen konnte.

Freilich hatte ich zuallererst mich selbst im Verdacht, die Komplexität der Marx'schen Theorie nicht wirklich durchdrungen zu haben, umso mehr, als ich an keinem der damals populären »Kapital«-Kurse teilnahm. War es schlicht Faulheit? Oder hatte ich vielleicht doch recht mit meiner Vermutung, die durch Erzählungen anderer bestärkt wurde, dass die abschnittsweise und kollektive Lektüre der Weisheiten des großen Meisters nicht wirklich ergiebig war – jedenfalls nicht so fruchtbar wie die Kneipengespräche danach? *Mer waases ned*, sagte damals auch der linke Hesse. Fest steht: Ganz sicher war ich nicht, ob die Marx'sche Arbeitswerttheorie auch mehr als hundert Jahre nach ihrer Entstehung noch ein tragfähiges analytisches Fundament für revolutionäre Veränderungen der Gesellschaft sein konnte, in der die Automatisierung voranschritt, der allgemeine Wohlstand wuchs und beachtliche Teile der Arbeiterklasse im Sommerurlaub mit dem Ford Taunus an den Gardasee fuhren.

Aber wie das so ist: Die ersten Zweifel bleiben noch leise, und man will ihnen zunächst auch keinen Glauben schenken. Und natürlich finden sich immer jede Menge Gegenargumente. Das stärkste war die These vom großen Betrug, von der alles umfassenden Täuschung: Nein, den Leuten ging es gar nicht gut. Sie wussten es nur nicht, weil sie ein »falsches Bewusstsein« ihrer objektiven Lage besaßen. Vor allem die Massenmedien, allen voran *BILD* und das Fernsehen, arbeiteten Tag für Tag an dieser »Manipulation der Massen«. So waren sie geblendet vom »Konsumterror« der spätkapitalistischen Gesellschaft, in der Ausbeutung, Unterdrückung und Entfremdung nur raffiniertere Formen angenommen hatten. Logisch, dass wir linken Studenten da noch jede Menge Aufklärungsarbeit vor uns sahen.

Es dauerte noch eine ganze Weile, bis die Zweifel an dieser Weltanschauung, die wesentliche Aspekte der Wirklichkeit außer Acht ließ, stark genug wurden, um sich von ihr zu verabschieden. Das ging nicht ohne Schmerzen ab, denn ich verlor damit auch das Gerüst meiner bisherigen Welterklärung. Ich musste also allein zurechtkommen, ohne die Sicherheit einer Theorie, die zur Ideologie geworden war, zur vorurteilsbeladenen Betrachtung der Realität, bei der die Voraussetzungen schon die Ergebnisse vorherbestimmten.

Das »Denken ohne Geländer«, wie einst die Philosophin Hannah Arendt formulierte, ist zuweilen recht anstrengend und macht nicht immer Freunde. Im Gegenteil: Es gab auch Verluste. Und so kamen die Jahre einer ungewohnten Unsicherheit. Längst nicht mehr alles, was man sah, hörte und las, ließ sich umstandslos in ein Interpretationsraster einfügen. Vieles blieb fürs Erste ein Rätsel, und manchmal bedauerte ich fast, die schöne alte Klarheit verloren zu haben, die emotionale Sicherheit einer Gemeinschaft von Gleichgesinnten. Wenn ich samstags in der Frankfurter City einkaufen ging, war ich es jetzt, der mit einer *Karstadt*-Tüte am Straßenstand stand, während die Demonstranten vorbeizogen, in fröhlich-selbstgewisser Empörung. Ein merkwürdiges *Déjà-vu*. Die anderen marschierten Reihe für Reihe untergehakt, mit der jeweils aktuellen Parole auf den Lippen, und ich war jetzt das vereinzelte bürgerliche Individuum – ohne Rückhalt bei den Volksmassen, abgeschnitten vom objektiven Sinn der geschichtlichen Entwicklung, verloren für jede Art Revolution: eine anachronistische Randfigur. Das alte deutsche Trauerspiel.

Aber es kam noch schlimmer. Während eines abendlichen Treffens von Schriftstellern und Sozialwissenschaftlern ein paar Wochen nach dem Fall der Mauer im November 1989 wurde mir ein vernichtendes Urteil zuteil: Ich wurde als »Sozialdemokrat« beschimpft. Was in Bayern immerhin noch mit einem Mindestmaß an menschlichem Respekt für diese stets vom Aussterben bedrohte Spezies verbunden gewesen wäre, gehörte in Frankfurt, einer der Hochburgen der Revolte von 1968, zu den gemeinsten Beleidigungen, die man einem Linken oder ehemals Linken überhaupt entgegenschleudern konnte. Wieder spielte der Verrat eine Rolle, der sich bekanntlich auf Sozialdemokrat reimt. Aber wen oder was sollte ich im Zusammenhang mit dem Mauerfall und dem absehbaren Untergang der DDR bitteschön verraten haben? Erich Honecker? Egon Krenz? Erich Mielke, den Stasi-Chef?

Nein, mein einziges Vergehen war, dass ich mich vernehmlich über den Fall der Mauer gefreut hatte. Einfach so. Auch noch Wochen danach. Ganz persönlich, ohne Rückversicherung beim Weltgeist, letztlich naiv. Die anderen aber, sämtlich Intellektuelle aus dem Umkreis der undogmatischen akademischen Linken, hatten damit ihre Schwierigkeiten. Nicht, dass sie den Mauerfall selbst kritisiert hätten, das Faktum an sich. Das wäre auch schwierig gewesen. Er war ihnen nur nicht geheuer. Sie befürchteten, dass reaktionäre Kräfte davon profitieren würden. Denn eigentlich war es ja andersherum geplant gewesen: Zuerst hätte der westliche Kapitalismus mal seinen

Geist aufgeben sollen. Aber dann spielte die Geschichte verrückt, und das irritierte die versammelten Theoretiker schon sehr. Die ganze Sache hatte die Schlachtordnung durcheinander gebracht.

Nun stand der Westen plötzlich als – zumindest vorläufiger – Sieger der Geschichte da, und das wurmte die meisten. Helmut Kohl an der vordersten Front des Zeitgeists – eine Demütigung für alle, die ihn stets nur »Birne« genannt hatten – die tumbe Walz aus der Pfalz –, sich selbst aber als Avantgarde der Weltdeutung verstanden. Hier und da machte man sich auch lustig über die »stonewashed people« aus Dresden und Eisenhüttenstadt, die nun zu Hunderttausenden die westdeutschen Innenstädte stürmten, das Begrüßungsgeld abholten und ihre erste *Chiquita*-Banane triumphierend in der Hand hielten – genauso wie die »Zonen-Gaby«, die das Satiremagazin *Titanic* auf dem Titel präsentierte. Klar, dass ihre Banane eine Gurke war.

Viele Linke waren beleidigt, und so beleidigten sie jene, die zum Symbol ihrer politisch-ideologischen Niederlage geworden waren: DDR-Flüchtlinge in Billigjeans, sächselnde Bürgerrechtler in Sandalen, protestantische Rauschebärte und alle, die immerzu »Wahnsinn!« riefen und sich auf die neue Freiheit freuten. Ha, sie würden schon sehen, wie sie aussieht, diese Freiheit des Kapitalismus!

So wurde die berühmte »Wende« von 1989/1990 für mich auch zur persönlichen Wende, zum endgültigen Abschied vom Linksradikalismus. Den hatte ich zwar schon Mitte der achtziger Jahre vollzogen, doch nun war er aktenkundig. Zwar schrieb ich mir, vor allem in der *taz*, die Finger wund, um für eine aufgeklärte und freiheitsliebende Linke zu werben, die weiß Gott Besseres zu tun hat, als einem verkommenen System wie dem »real existierenden Sozialismus« nachzutrauern – aber es hörte wieder mal keiner auf mich.

Zwar demonstrierte nur eine kleine Minderheit unter der schon semantisch irren Parole »Nie wieder Deutschland!«, doch auch viele Intellektuelle meinten, vor »D-Mark-Imperialismus« und »Viertem Reich« warnen zu müssen. Der deutsche Selbstverdacht hatte wieder einmal Hochkonjunktur. Für Günter Grass, dessen SS-Vergangenheit damals noch nicht bekannt war, verbot sich jede »Wiedervereinigung« allein wegen Auschwitz, und Walter Jens erhob sein Wort gegen einen »neuen McCarthyismus« ebenso wie gegen den vermeintlich »kulturellen Neokolonialismus« des Westens. Andere beklagten einen »nationalen Taumel« und den »kapitalistischen Ausverkauf« der DDR.

Just im Augenblick großer Veränderungen offenbarten diese Reflexe der Linken das ganze Ausmaß ihrer statischen, ideologisch verbunkerten Geschichtsauffassung. Im besten Fall zeigte sich eine Art »posttotalitäre Melancholie« (Tzvetan Todorov), die Trauer über den Verlust der linken Deutungshoheit. Wie ein räudiger Hund oder ein ungebetener Gast hatte sich die die ehemalige »Ostzone« in den Vordergrund geschoben. Auch im Westfernsehen machten sich die Ossis nun Abend für Abend breit. Gut, dass sie wenigstens die Charlottenburger Altbauwohnungen mit Parkett und Stuckdecke in Frieden ließen, wo die blauen Bände der *Marx-Engels-Gesamtausgabe* in die unteren Bücherregale gewandert waren und abends ein schöner *Barolo* zur selbst gemachten Lasagne auf den Tisch kam.

Auch der *25. Deutsche Soziologentag* im Herbst 1990 mit dem zeitlos schönen Thema *Die Modernisierung moderner Gesellschaften* rieb sich die versammelten Augen angesichts des rasanten Tempos der historischen Umwälzung, das die durchschnittliche Arbeitsgeschwindigkeit der westdeutschen Gesellschaftswissenschaftler gleich um ein Mehrfaches übertroffen hatte. Immerhin stritt man tapfer über die Frage, ob man den »bürokratischen Sozialismus« in Osteuropa überhaupt als echten Sozialismus betrachten könne. Die Grabgesänge auf den Marxismus jedenfalls hielt manch einer für »verfrüht«.

Immer wieder staunte ich damals, wie schwer es auch intelligenten Zeitgenossen fiel, eigene Irrtümer und Fehleinschätzungen einzugestehen, das eigene Weltbild einer radikalen Revision zu unterziehen. Manchmal hätte man fast glauben können, irgendwo würden wertvolle Treuepunkte für die linke Seele verteilt. So war es nur folgerichtig, dass es die bürgerlich-liberalen *FAZ*-Feuilletonisten waren, die eine große Artikelserie unter dem doppeldeutigen Titel *What's left?* lancierten. Eine sehr naheliegende Frage, deren Beantwortung allerdings ziemlich kompliziert war: Was ist geblieben nach all den Verwerfungen, und was kann heute noch links sein?

Genauer: Wie und in welchen Etappen ist eigentlich der jahrzehntelange Prozess der Desillusionierung verlaufen? Und wohin führt er – nach rechts, in die Mitte, zu ganz neuen Ufern? Und: Warum klammern sich jene, die heute fleißig Treuepunkte sammeln, in eiserner Disziplin an ihren politischen Standpunkt von 1973, selbst um den Preis geistiger und moralischer Erstarrung, die bei manchen geradezu gespenstische Züge angenommen hat? Manchmal ist sie von Schizophrenie nur schwer zu unterscheiden.

Mein Freund Fritz hat da immer neue Geschichten auf Lager, wenn wir zum Café au Lait in die *Marheineke*-Halle wechseln. Etwa von grünen Politikern, in deren Kiez der Anteil sogenannter Migrantenkinder in den Schulen fast neunzig

Prozent beträgt. Während sie die deutschen Ur-Einwohner öffentlich dazu aufrufen, ihre Kinder gerade in diese Schulen zu schicken, um eine bessere soziale und kulturelle Mischung zu erreichen, bringen sie die eigenen Sprösslinge nach Charlottenburg, Wilmersdorf und Friedenau. Selbst vor Scheinwohnsitzen in den besseren Bezirken schreckt man dabei nicht zurück. Während also an der längst fadenscheinig gewordenen Ideologie von der multikulturellen Gesellschaft, deren Konflikte sich praktisch von selbst zurechtschütteln, wider besseres Wissen festgehalten wird, blüht der pure egoistische Pragmatismus, wenn es um das ganz persönliche Interesse geht.

Ganz anders verhält es sich, wenn man sich als Beschützer von vermeintlichen Opfern der Gesellschaft oder des Staatsapparats inszenieren kann, kurz: wenn die Moralisierung eines sozialen oder politischen Konflikts besonders einfach ist. So im Falle von etwa fünfzehn Asylbewerbern, darunter mehrere, die durch alle Instanzen hindurch bereits rechtskräftig abgelehnt worden waren. Nach einem 600 Kilometer langen Fußmarsch durch die Republik und der Errichtung eines Camps in Berlin-Kreuzberg begannen sie Ende 2012 auch noch einen Hungerstreik vor dem Brandenburger Tor.

Einige ihrer Forderungen wie die Aufhebung der »Residenzpflicht«, schnellere Verfahren, frühere Arbeitserlaubnis und mehr Unterstützung beim Erlernen der deutschen Sprache, waren durchaus plausibel, wurden aber gerade in Berlin und Brandenburg teilweise bereits erfüllt. Andere, wie die generelle Anerkennung *aller* Asylbewerber und ein *absolutes* Abschiebeverbot, würden das vom Grundgesetz garantierte Recht auf politisches Asyl ad absurdum führen. Im Übrigen war es bemerkenswert, dass Menschen, die aus aller Welt kommen, um im demokratischen Deutschland politisches Asyl zu beantragen, mit dem existenziellen Mittel eines Hungerstreiks versuchten, Bundestag und Bundesregierung zu erpressen.

Selbstverständlich hinderte das linke Unterstützer – von den *Grünen* bis zu den *Piraten* – nicht daran, flammende Klage gegen Senat und Polizei zu führen. Als »menschenverachtend« und »schändlich« galt vor allem die Beschlagnahme von Zelten, Decken und Schlafsäcken. So müssten die völlig entrechteten Asylbewerber neben dem quälenden Hunger auch noch die beißende nächtliche Kälte und die notorische Brutalität der Staatsgewalt ertragen. Dass der – übrigens sozialdemokratisch – geführte Bezirk Mitte eine Demonstration samt Kundgebung, nicht aber ein tage-, gar wochenlanges Camp auf dem Pariser Platz erlaubt hatte – was das Verwaltungsgericht bestätigte –, spielte in dieser propagandistischen Vermischung der Ebenen keine Rolle. Egal. Die Botschaft war entscheidend: Wieder einmal zeigte sich hier die faschistoid-rassistische Fratze des deutschen Staates. Ein Hungerstreikender prangerte das »rassistische deutsche Asylgesetz« an, das »eine Schande« sei. Die 26-jährige Radioreporterin des *rbb* konnte da nur verständnisvoll beipflichten.

Andere Asylbewerber gelobten allen Ernstes, lieber sterben zu wollen als in ihre Asylunterkunft zurückzukehren. Im logischen Umkehrschluss legt das den Gedanken nahe, dass die Verhältnisse in Deutschland schlimmer sein müssen als in jenen Ländern, aus denen sie geflohen waren – Iran und Afghanistan.

Gottlob musste niemand sterben. Die meisten Nächte verbrachten die Hungerstreikenden schließlich in einem »Kältebus« – das Angebot, in einem Gästehaus des Bezirks zu nächtigen, hatten sie abgelehnt. Die Integrationsbeauftragten von Bund und Land versprachen den Asylbewerbern nach einem vierstündigen Gespräch in der Akademie der Künste, sich für ihre Belange einzusetzen, und sogar Abgeordnete des Bundestagsinnenausschusses trafen sich mit den Protestierenden. Das Auftreten der Asylbewerber sorgte jedoch auch bei Wohlmeinenden für Empörung. Der Ausschussvorsitzende Wolfgang Bosbach (*CDU*) schien für die große Mehrheit zu sprechen, als er resümierte: »Wenn zum Beispiel Vorwürfe lauten, die Verhältnisse hier seien ja schlimmer als in den Herkunftsländern; man würde sich manchmal vorkommen, als würde man als Sklave gehalten und Ähnliches – dafür haben wir kein Verständnis.« Sogar Vertreter der *Grünen* schienen irritiert.

Ganz offenkundig handelte es sich hier um eine politische Inszenierung, bei der obskure deutsche »Unterstützer« aus der linksautonomen Szene die Hauptrolle übernommen und die vorwiegend jungen Asylbewerber für ihre Zwecke instrumentalisiert hatten. Den meisten Beteiligten ging es vor allem darum, das flammende Vorrecht reiner Moral und unbefleckter Humanität für sich zu pachten. »Kein Mensch ist illegal!«, rief ein Unterstützer in die kalte Berliner Winterluft. »Bleiberecht überall!« Und natürlich: Für alle und für immer. Am 1. Advent feierten ein paar Dutzend Demonstranten schließlich ein »antirassistisches Baumfest«, gleich neben der offiziellen Weihnachtstanne am Pariser Platz. Der Hungerstreik wurde offiziell beendet, aber klar, der Kampf ging weiter.

Bemerkenswert war die Rolle der Berliner Medien. Es gab keine Zeitung, die sich traute, diese fragwürdige Aufführung offen zu kritisieren. Die Angst, als kaltherzig, zynisch oder gar rassistisch beschimpft zu werden, war zu groß. So entschied man sich für den bequemsten Weg – für Emotionalisierung und Moralisierung: Hier die armen Flüchtlinge, dort der böse, hartherzige Staat. Mustergültiges Agitproptheater der politischen Korrektheit, bei dem die demokratischen Verfahren und Gesetze des Rechtsstaats keine Rolle mehr spielen. Hier geht es wirklich nur noch um das – gute – Gefühl.

Für die praktischen Lösungen sind dann andere zuständig.

Der Wahn falscher oder grotesk verzerrter Selbst- und Weltwahrnehmung jedenfalls erscheint immer häufiger als Ersatz-Utopie, als ins Negative gewendete Erlösungshoffnung. Wenn schon das Ideal in weiter Ferne liegt, soll es wenigstens morgen oder übermorgen ganz, ganz schlimm kommen. Das entspricht der Selbstbestrafungslogik von Kindern, die ihr Schokoladeneis nicht gekriegt haben. Das haben sie nun davon. Ein Ausdruck dieser organisierten Selbstverdummung ist das Phänomen der allgegenwärtigen »neuen«, besser: »brandaktuellen Studie«. Sie funktioniert als permanentes Alarmsignal mit mächtigem Erregungspotenzial und rasanter Schlechte-Laune-Automatik. Ob *OECD*, *IWF*, Weltbank, *UNO* oder eines der unzähligen Forschungsinstitute – die jeweils allerneueste Tatarenmeldung vom bevorstehenden Untergang des Abendlandes hat eine vorwiegend wissenschaftliche Gestalt angenommen.

So will eine EU-Studie vom Herbst 2012 herausgefunden haben, dass fast 20 Prozent der Deutschen von Armut »betroffen« seien. Verständlich, dass sich die Medien darauf stürzten: 16 Millionen Arme im reichen Deutschland – ein Skandal! Umso erstaunlicher, dass *SPIEGEL online*, sonst begierig jede vorgebliche Schreckensnachricht aufgreifend, wenn es um die Darstellung unhaltbarer Zustände in Deutschland geht, hier einmal sachliche Aufklärung betrieb.

Nehmen wir nur einen einzigen Kritikpunkt an der statistischen Erhebungsmethode – das Kriterium »Erwerbstätigkeit«. 2,3 Prozent der Deutschen, so die Studie, verfügen über mehr als 60 Prozent des Durchschnittseinkommens. Sie haben also ein ausreichendes Einkommen, erfüllen jedoch nicht die Erwerbszeitquote von 20 Prozent und werden flugs zu den Armen gerechnet: »Wer etwa ein Mehrfamilienhaus in Hamburg geerbt hat und gut von den Mieteinnahmen lebt, entspricht diesem Profil – und ist laut EU-Statistik von Armut oder sozialer Ausgrenzung betroffen. Rechnet man auch diese Gruppe heraus, sinkt die Quote der von Armut oder sozialer Ausgrenzung Betroffenen schlagartig auf 9,1 Prozent – weniger als die Hälfte des nach EU-Methoden errechneten Werts.«

Tage später machte, als kleines Aperçu, eine ganz andere Nachricht die Runde: Das gesamte Privatvermögen der Deutschen – einschließlich Omas kleinem Häuschen – hat den Rekordwert von annähernd 5 Billionen Euro erreicht. Die Freude währte nur kurz, denn schon wieder schockierte eine *OECD*-Studie die Nation, in der das Abrutschen der deutschen Volkswirtschaft von Platz fünf auf Platz zehn der Weltrangliste prophezeit wurde, vor allem aus demografischen Gründen. »Deutschland wird zum größten Verlierer der Welt« war nur eine von vielen Alarmmeldungen. Dass dieses Desaster erst 2060, also in exakt 47 Jahren, eintreten soll, überlasen viele. Mich immerhin beruhigte es ein wenig: Dann bin ich 104 und habe andere Sorgen – oder keine mehr.

Kurz zuvor hatte eine Katastrophenmeldung die Schlagzeilen beherrscht, die man bei aller Apokalypse-Bereitschaft kaum glauben wollte: 110 Rechtsextremisten seien in den Untergrund abgetaucht. Sofort wurde die Erinnerung an das mörderische Nazi-Trio wach, das seit den neunziger Jahren zehn Menschen umgebracht hatte. Über hundert Rechtsterroristen, derer die Polizei nicht habhaft werden kann? Ein Alptraum. Doch rasch stellte sich heraus, dass nur 18 der 110

Gesuchten politisch motivierte Straftaten begangen haben, drei davon Gewaltdelikte. Die anderen 93 Verdächtigen waren zwar als Neonazis bekannt, ihre Delikte drehten sich aber überwiegend um Kreditkartenbetrug oder die Verweigerung von Unterhaltszahlungen.

Da ist sie wieder, die deutsche Liebe zum Abgrund, die längst auch die Linke in ihren Bann gezogen hat. Motto: Je schlimmer, desto besser. Diese Dialektik ist freilich nicht ganz neu. Früher hieß das Programm »die ständige Verschärfung der gesellschaftlichen Widersprüche«. Der erhöhte Druck im Kessel war Vorbedingung der befreienden Explosion, des ersehnten Aufstands der Massen. Anschließend gemeinsamer Abmarsch ins Paradies – unter kompetenter Anleitung der Avantgarde, versteht sich.

In Deutschland müsste man jedoch spätestens seit 1933 gelernt haben, dass bei dieser Strategie eher der nackte Faschismus herauskommt als die fröhliche Anarchie. Andreas Baaders und Ulrike Meinhofs *RAF* wollte selbst das in Kauf nehmen, um dann aber für alle Zeiten den Kommunismus triumphieren zu lassen. Auch hier fungierte der Abgrund als Aufbruchsignal, der Untergang als Voraussetzung der Wiederauferstehung.

Heute aber, da sich im Geist der Zeit ein diffuser Allparteienkonsens des moralischen Gutmeinens etabliert hat, fehlt die analytische Schärfe im Verhältnis zur Gegenwart, die man braucht, um künftige Zeiten attraktiv erscheinen zu lassen. Vorherrschend ist ein tendenziell depressiver Stillstand, eine hektische Ideenlosigkeit, die sich die Seele aus dem Leib twittert, jammert und klagt, um Aktivitäten vorzutäuschen, die mit einem optimistischen Fortschrittsbegriff allerdings gar nichts mehr zu tun haben. Aber klar: Wer kein realistisches

Bild von der Gegenwart hat, dem entgleitet auch die Zukunft. Dass die Gegenwart auch die Utopie vergangener Zeiten sein könnte, dass sie also besser ist als ihr Ruf, gerät so völlig aus dem Blick. Geschichtslosigkeit ist das Markenzeichen der deutschen Jammerkultur. Deshalb weiß sie oft gar nicht, wo ihr der Kopf steht.

So rettet man sich – da bei aller Liebe zum alten Kontinent nicht einmal mehr »Europa« jenes leuchtende Morgen sein kann, von dem des Tages Mühsal zehrt – in jenen wohlfeilen Moralismus, dessen Dauerklage sich selbst genügt. Sie benebelt sich und ihre Sicht auf die Welt wie eine Droge. Die rituell auflodernde Erregung setzt man sich wie einen Schuss, bevor die Lethargie zurückkehrt. Es geht nicht vor und nicht zurück.

Da wird die Gegenwart zur negativen Utopie. In ihr suhlt sich die allgemeine Unzufriedenheit. Der Rest ist professionelle Protestroutine kommerzieller Empörungs-Manufakturen wie der Organisation *Campact*, die zwischen Mindestlohn, Energiewende, Killerkeimen, Atomkraft, Nahrungsmittelspekulation, Transparenz und Asylrecht alles im Angebot hat, was gerade en vogue ist. *Protest to go*. Bei Bedarf werden auch Demonstranten und diverse Kleindarsteller zur Verfügung gestellt, die mit Arztkittel und Krankenhausbett das Elend des Gesundheitssystems darstellen – einschließlich der gefährlichen Killerkeime in maßstäblicher Vergrößerung. Die Presse ist stets informiert.

Das ist unschön und macht schlechte Laune, hätte Matthias Beltz gesagt. Und deshalb ist es kein Wunder, dass bei all dem Dauergezeter das radikal Positive fehlt, die ungestüme Idee, der fröhliche Mut, unbekanntes Terrain zu betreten, etwas wirklich auszuprobieren oder in der Gegenwart Neues zu entdecken. Diese Unbeschwertheit, Begeisterung und Zukunftsoffenheit immerhin konnte man den 68ern in ihrer Anfangsphase nicht absprechen, auch wenn sie dann allzu rasch auf abgenutzte Revolutionstheorien des frühen zwanzigsten Jahrhunderts zurückgriffen und sich die Welt nach ihrem Bilde formten.

Was aber bleibt – what's left? Bin ich rechts, wenn ich mich derart über durchrationalisierte Kommunikationsformen des politischen Protests mokiere, die es regelmäßig in die *heute*-Sendung schaffen (in die satirische *heute show* schon weniger), auch wenn nur ein paar Dutzend Leute die vorfabrizierten Plakate mit den vorgestanzten Parolen hochhalten wie in einem schlechten Fernsehspiel, das mit studentischen Komparsen arbeitet? Und sind die *Campact*-Leute etwa links, wenn sie sich gemeinsam mit der *FDP* – am Ende erfolgreich – für die Abschaffung der Praxisgebühr einsetzen?

Und was eigentlich ist denn links oder fortschrittlich an den europäischen Milliarden-Transfers in die südlichen Krisenländer, wo das unglaubliche Chaos der staatlichen Verwaltung mit unverschämter Sicherheit dafür sorgt, dass die Gelder vor allem den immer gleichen korrupten Eliten zugutekommen, während die Renten kleiner Angestellter halbiert werden und die Reichen – etwa in Griechenland – ihr unversteuertes Geld ungehindert außer Landes bringen können? Dient es der europäischen Integration, wenn Steuer-Milliarden am Ende auf den Schwarzgeld-Konten schwerreicher russischer Oligarchen auf Zypern landen? Ist es sozial gerecht, wenn slowakische Krankenschwestern sich finanziell an der Rettung spanischer Großbanken beteiligen müssen?

Und wie progressiv ist es eigentlich, die Abschottung einer islamisch geprägten türkisch-arabischstämmigen Unterschicht in deutschen Großstädten zu leugnen oder zu beschönigen? Erst recht dann, wenn als Konsequenz der Großteil einer ganzen Generation ohne vernünftige Ausbildung bleibt – genau jene jugendlichen Migranten, die für die Zukunft der Gesellschaft gebraucht werden? Wäre es dann also auch konsequent links, die Transferleistungen aller Art noch weiter zu erhöhen, um die auf dem Arbeitsmarkt weithin chancenlosen Jugendlichen wenigstens ruhigzustellen? Sieht so sozialer Fortschritt aus?

Ach, was reg ich mich auf? Man könnte die Liste der Fragen ewig verlängern und bekäme doch keine Antwort, jedenfalls nicht von denen, die gemeint sind. Andererseits: Vielleicht ist das sowieso alles Schnee von gestern. Denn seit den achtziger Jahren, jener goldenen Zeit der sogenannten »Postmoderne« mit dem glückverheißenden Placebo-Motto »Anything goes« – Du darfst alles! –, wurde die Aufteilung des politischen Spektrums in rechts und links schon hundertmal als überholt und anachronistisch bezeichnet.

Merkwürdigerweise beweist sie ein zähes Leben, nicht nur in der parteipolitischen Gemengelage. Zwar hat sich die alte ideologische Schlachtordnung mit ihren erbitterten Feindschaften tatsächlich überwiegend aufgelöst, doch inzwischen führt die umstandslose Moralisierung beinahe aller politischen Konflikte dazu, dass schon eine pragmatisch-skeptische Einstellung als rechts, reaktionär oder gar rassistisch gilt. Manchmal reicht es schon, eine falsche Frage zum Ramadan zu stellen oder auf den ursprünglichen Sinn einer roten Ampel hinzuweisen.

Die Gegenseite, das Schaumgummi-Matratzenlager der Wohlmeinenden, ist deshalb nicht automatisch links. Aber es ist so schön bequem, sich immer auf der richtigen Seite zu wähnen, und so gehört man dort allein deshalb zum Lager des

Guten, weil auf der anderen Seite die böse Wirklichkeit lauert. Aus eigener Erfahrung weiß ich: Das geht auch prima im Liegen, ganz locker und entspannt – sogar Musik kann man dabei hören, zum Beispiel die wohltemperierten Latinoklänge des *Buena Vista Social Club* aus Kuba.

Ich selbst frage mich schon länger nicht mehr, an welchem topografischen Punkt auf der traditionellen Rechts-Links-Skala ich mich gerade befinde, wenn mir wieder mal eine vierköpfige Musikantencombo unterm Fenster die letzten Nerven raubt. Eigentlich müsste ich Verständnis für den Migrationshintergrund des Lärms haben, der meine Sinne schmerzt, aber diese Abstraktionsfähigkeit bringe ich im Augenblick unmittelbarer Bedrängnis meist nicht auf. Im Gegenteil: Meine Aggressivität richtet sich auch gegen jene urgermanischen Touristen aus Wuppertal und Osnabrück, die noch das übelste Geschrammel vorm Cafétisch mit klingender Münze belohnen. Ein neoliberaler Kreislauf des Schreckens, gegen den noch kein Rettungsschirm gefunden wurde.

Da die Anwendung unmittelbaren Zwangs, persönliche Gewalt also, letztlich ausgeschlossen ist und pazifistisch-sozialpädagogische Maßnahmen sich als wirkungslos erwiesen haben, bleibt nur eines: die Flucht in Sarkasmus und Ironie. Das mindert zwar nicht die Lautstärke, aber es vergrößert die Entfernung, von der aus das Unheil betrachtet werden kann. Metaphysisch gesprochen.

Diese Taktik praktiziere ich einigermaßen erfolgreich seit den neunziger Jahren, jenem Jahrzehnt, in dem die politische Desillusionierung mit der Ironisierung aller Verhältnisse konkurrierte, als seien es kommunizierende Röhren. Zum Herold dieser Jahre wurde Harald Schmidt, der große Affirmator, der als erster Deutscher nach 1945 öffentlich bekannte: »Ich sage ja zum deutschen Wasser!« Seinen Haus-Ossi sperrte er in den Heizungskeller, hielt sich einen Chauffeur namens Özgür und etablierte eine Aphorismen-Sammlung unter dem Titel *Die dicken Kinder von Landau*.

Politisch scheinbar ohne innerlich gefestigte Haltung, wurde ihm ein Zynismus zum Lebenselixier, der die neudeutsche Spaßgesellschaft mit ihren eigenen Mitteln schlug: ein Spiegelkabinett, das die Dinge durch ironische Verzerrung gerade rückte. Schmidts Travestie des täglichen Irrsinns ließ ihn zur Ikone der ironisch distanzierten Weltbetrachtung werden. Am Ende blieben bunte Scherben, die mal mehr, mal weniger glänzten. Germanisten sprachen von einer »Dekonstruktion der Wirklichkeit«. Zu anderen Zeiten hieß das »Zersetzung« und »Asphalt-Kultur«.

In jedem Fall hatte es nicht nur auf mich eine befreiende Wirkung. Der Humorstandort Deutschland hatte ein neues Start-up, einen fernsehtauglichen »Re-Launch«, und die Feuilletonisten überboten sich gegenseitig in ihren Interpretationsversuchen des Ein-Mann-Gesamtkunstwerks. Ähnlich wie die einstige Kreml-Astrologie die Geheimnisse der Moskauer Herrscher zu entschlüsseln suchte, ging die kulturkritische *Schmidtologie* daran, den schlaksigen Mann aus Nürtingen zu dechiffrieren, der noch vor Kurzem im Pas-de-deux mit Herbert Feuerstein den pelzigen »Fozzi-Bär« gespielt hatte.

Auch hier ließ die Desillusionierung nicht lange auf sich warten. Es hatte wenig Sinn, hinter die Kulissen schauen zu wollen, Exegese und Tiefenanalyse zu betreiben, nach einer unentdeckten Substanz oder verborgenen Wahrheit zu suchen. Eigentlich lag das meiste offen zutage, man musste es nur beim Namen nennen. Ironie, Sarkasmus und Zynismus bildeten schon immer die Dreifaltigkeit jener säkularen Religion von Glaubensgenossen, die sich ihrer Enttäuschung nicht kampflos ergeben wollen, aber auch nicht in der Lage sind, eine neue Kirche zu gründen. So bleiben sie Prediger im eigenen Namen, die sich unversehens in Unterhaltungskünstler verwandeln – ein Umstand, der durchaus in der katholischen Tradition liegt.

Ich war zwar Protestant, aber als Abtrünniger einer weltlichen Befreiungsreligion vom Ende aller Herrschaft fiel auch ich unter die Kabarett-Autoren und versuchte, den politischen Bekenntniszwang durch den Imperativ der Ironie zu ersetzen. »Witzischkeit kennt keine Grenzen, Witzischkeit kennt kein Pardon« sang Bembel-Gott Heinz Schenk im Film von Hape Kerkeling, und tatsächlich: Satire und Ironie sind eben nicht nur Kampfmittel der Wahrheitsfindung, sondern auch Waffen der Verteidigung gegen eine allzu aufdringliche Wirklichkeit. Sie ist zwar nicht zu verdrängen, aber wenigstens auf Abstand zu halten.

Nach dem 11. September 2001 war das nicht mehr möglich – oder nur unter verschärften Bedingungen. Selbst Harald Schmidt, dessen Zynismus sonst vor keinem Tabubruch zurückschreckte, schwieg zwei Wochen lang – eine kleine Ewigkeit. Mit dem Einsturz der Türme des *World Trade Centers* in New York brach eine Welt zusammen. Das wahnsinnige Attentat von *Al-Qaida* markierte eine historisch neue Stufe absoluter Unberechenbarkeit. Nun war nichts mehr unmöglich. Hier öffnete sich wirklich ein bodenloser Abgrund. Gegen diesen massenmörderischen religiösen Fanatismus erschien der politische Terror der siebziger Jahre fast schon rational und überschaubar.

Nicht nur deshalb hielten die folgenden Wochen einen weiteren massiven Desillusionierungsschub bereit, der mich zeitweise sprachlos machte. Zahlreiche deutsche Künstler, Intellektuelle und Publizisten versuchten tatsächlich, den Mord an fast dreitausend Menschen zu relativieren, zu verharmlosen und als irgendwie doch nachvollziehbare Reaktion auf die Politik Amerikas zu »erklären«.

Mal hieß es, die Zahl der Hungertoten weltweit sei unvergleichlich viel höher, mal wurden Statistiken über Verkehrsunfälle herangezogen, mal die sichtbare »Arroganz« der *Twin Towers* als »Phallus-Symbol« kritisiert, zerborstenes Emblem des amerikanischen Kapitalismus, dessen Trümmer nun am Boden verstreut waren; mal sinnierte man, wie der Entertainer Roger Willemsen bei *Boulevard Bio*, über die »Erhabenheit der Katastrophe«, verglich den amerikanischen Präsidenten George W. Bush mit Osama bin Laden und bekundete seine Freude, dass nun »endlich wieder gedacht werden« dürfe – der »Terror des Amüsements« habe, bin Laden sei Dank, wenigstens auf Zeit nachgelassen. Zur Ehre von Alfred Biolek muss gesagt werden, dass er seinem Talk-Gast empört widersprach.

Es blieb freilich den beinharten Verschwörungstheoretikern vorbehalten, den Kern dieses Ressentiment-satten und anmaßenden, ebenso steindummen wie eitel-selbstgerechten Geschwätzes zu formulieren, meist in scheinheilig rhetorische Fragen verpackt: Amerika selbst hat es getan, und natürlich waren *CIA* und *Mossad* mit im Spiel. Anders als die Theater-, Show- und Salonlinken, die einen Rest an Reputation behalten wollen, offenbaren die Konspirationsexperten im Enthüllungsrausch bis heute jene komplette Realitätsblindheit, die sie als unterdrückte Wahrheit ausgeben. Eine Wahrheit, die natürlich nur sie kennen.

Das alte Spiel in neuer Form.

Leider war dieser moralischen wie intellektuellen Verwahrlosung selbst mit schärfstem Sarkasmus nicht mehr beizukommen, und so fragte ich mich: Was hätte John Wayne in dieser Situation getan?

Wahrscheinlich hätte er gesagt: Mann, es sind einfach zu viele Idioten unterwegs. Lass uns zum Red River zurückreiten.

Und tatsächlich: Mit jedem Meter mehr verschwand der progressive Alltag am Horizont.

5. Kapitel

Lockruf der Natur
oder
Ich will auf die Alm

Zugegeben, der Red River war es nicht, und es ist schon über dreißig Jahre her, also eher Vergangenheit als Zukunft. Doch der Traum von Freiheit und Abenteuer, vom Rückzug in die selige Einsamkeit der Natur konnte sich auch in Südfrankreich verwirklichen. Anfang Oktober 1982 fuhren wir zu dritt von Frankfurt aus los, verließen die *Autoroute du Soleil* vor Nimes und schlugen uns dann über die kleine Landstraße D 127 Richtung Uzès durch. Kurz hinter einer scharfen Rechtskurve bogen wir in einen kalkweißen, von kraterartigen Löchern durchzogenen und schwer zu passierenden Schotterweg ein, der in schier endlosen Serpentinen hinunter an den Fluss führte, welcher sich schon vor vielen Jahrtausenden in den Muschelkalk gefräst und eine wunderbare karstige Landschaft aus Schluchten, Höhlen und immergrüner *Garrigue* hinterlassen hat. Es war der Gardon, ein Nebenfluss der Rhône, über den sich einige Kilometer weiter östlich der weltberühmte *Pont du Gard* spannt, ein fantastisches römisches Viadukt aus dem 1. Jahrhundert nach Christi Geburt.

Ich weiß nicht mehr, was uns gerade an diesen abgelegenen Ort getrieben hat, aber er war ein kleines Paradies, vor allem im mediterranen Frühherbst, nachdem die letzten Touristen den Süden verlassen hatten. Und so mühsam das Gerumpel auf dem steinigen Fahrweg war – er hatte eine sagenhafte Geschichte mit cineastischer Aura. In den Jahren 1951 und 1952 hatte dort der französische Regisseur Henri-Georges Clouzot den Film *Lohn der Angst* gedreht, und genau auf dieser ebenso engen wie steilen Schotterpiste saß Yves Montand am Steuer eines Lastwagens, der große Mengen Nitroglyzerin 500 Kilometer weit zu einer brennenden Ölquelle bringen sollte – irgendwo in Südamerika. Leider war die für den Filmset gebaute Holzrampe hoch über dem Gardon, von der der LKW samt Sprengstoff beinahe in die Schlucht gestürzt wäre, nicht mehr auffindbar. Es hatte bei den Dreharbeiten sogar Tote gegeben – zwei Soldaten, die beim Bau einer Behelfsbrücke im Fluss ertrunken waren. Gott sei Dank überlebte Yves Montand, seit eh und je mein französischer Lieblingsschauspieler, die von vielerlei Ungemach verfolgte Filmproduktion. Er musste mit Romy Schneider ja noch *César und Rosalie* drehen.

Wir hatten nur harmloses Urlaubsgepäck dabei und installierten uns unterhalb einer kleinen Grotte. Ein Zelt, Luftmatratzen, Schlafsäcke, Klamotten, ein paar Kochsachen, das war alles. Wir waren fast allein. Ein paar hundert Meter weiter campierten noch ein paar andere, aber sie verhielten sich so unauffällig, dass wir glauben konnten, diese herrlich einsame Stelle am Fluss sei unser Red River, unser Revier, unsere »blaue Lagune«. Vielleicht liefen wir, zwei Männer und eine Frau, auch deshalb von der ersten Minute an nackt durch die Gegend. Gewiss, es war sogar im Oktober noch an die dreißig Grad heiß, aber der deutsche WG-Nudismus musste ja nicht unbedingt ins befreundete Ausland exportiert werden.

Da ich selbst bis heute mit den Freuden der Freikörperkultur nichts anfangen kann, stehe ich ein wenig ratlos vor der

Frage, warum ich damals meine rot-weiß gestreifte Badehose nicht angezogen habe. Vielleicht war es ja wirklich ein ziemlich verspäteter Reflex auf die paradiesischen Szenen im *Genesis*-Kapitel des Alten Testaments, der Wunsch, noch einmal ganz von vorne anzufangen, eins mit der Schöpfung zu werden und vom Baum der Erkenntnis zu kosten. Und das, obwohl wir weder religiös waren noch mit Esoterik oder romantischer Naturtümelei irgendetwas zu tun hatten.

Im Gegenteil: Natur war eigentlich eine reaktionäre Sache. Allein schon der deutsche Wald, durch den uns die Eltern am Wochenende mit dem Versprechen geschleppt hatten, am Ende warte am »Fuchstanz« eine warme Erbsensuppe mit Einlage auf uns. Finster, feucht und undurchdringlich, überall Moos und nasses, rutschiges Laub, die Bäume wie ein »stehendes Heer«. Gruselig. In seinem Werk *Masse und Macht* hatte der Schriftsteller Elias Canetti schon 1960 klar festgestellt: »Das Massensymbol der Deutschen war das Heer. Aber das Heer war mehr als das Heer: Es war der *marschierende* Wald.« Mehr noch: »Das Rigide und Parallele der aufrecht stehenden Bäume, ihre Dichte und ihre Zahl erfüllt das Herz der Deutschen mit tiefer und geheimnisvoller Freude.«

Zwar hätte man einwenden können, dass auch in Finnland, Belgien und der Schweiz die kaum minder zahlreichen Bäume nicht von links nach rechts, sondern von unten nach oben wachsen, am Ende also genauso aufrecht stehen wie die stolze deutsche Eiche, aber sei's drum: Wir hatten unsere antifaschistische Leit-Metapher, und so marschierte der deutsche Landser mit Stahlhelm und Tornister im Geiste auch noch durch die schönsten Ecken des Schwarzwaldes und hatte so gar keinen Sinn für Goethes Gedichtzeilen, mit denen Generationen von Müttern ihre Kleinen in den Schlaf gesummt haben:

Über allen Gipfeln
Ist Ruh
In allen Wipfeln
Spürest du
Kaum einen Hauch;
Die Vögelein schweigen im Walde.
Warte nur, balde
Ruhest du auch.

Von wegen Gipfel und Wipfel, Vögelein im Walde und Ruhe in Frieden. Nichts da. Wir wollten leben. Wenn es unbedingt sein musste, auch mit der Natur. Außerdem war gar nicht gesagt, dass Geist und Natur, Politik und Berge, Stadt, Land und Fluss einen Gegensatz bilden mussten. Es kam nur darauf an, die Natur zu zivilisieren und zu vermenschlichen, so, wie es die Franzosen immer schon getan haben, als sie aus Büschen und Bäumen wahre Kunstwerke formten. Selbst ich, Abkömmling germanischer Urahnen, die einst im dunklen Forst Wildschweine gejagt, dazu Tannenzapfen, Pilze und Brennholz gesammelt haben, wurde in geradezu traumwandlerischer Sicherheit zum Kultur-Franzosen, als ich mit meiner orangefarbenen Reiseschreibmaschine »Gabriele« unterm Arm unbekleidet durch den Fluss watete, um mich auf der anderen Seite auf einen malerischen Felsen zu setzen.

Dort begann ich unverzüglich, einen wichtigen Essay zu schreiben, auch wenn er niemals veröffentlicht wurde. Ich spannte das Papier ein und klapperte los, nackt auf dem Affenfelsen. *Tack tack tack tack* hallte es durch die Schlucht, und jeder normale Mensch hätte mich damals für jemanden halten müssen, der nicht mehr alle Flusen am Pulli hat. Aber was heißt schon normal? Unser Freund Francis, der getrennt angereist war, setzte sich bei einbrechender Abenddämmerung gern in sein Kanu, ließ sich von der leichten Strömung treiben und trommelte dann stundenlang denselben Rhythmus wie ein alter Indianer, der böse Geister vertreiben will. Was mich heute binnen Kurzem wahnsinnig machen würde, empfand ich damals als Teil eines wunderbaren Gesamtkunstwerks, als glücklichen Augenblick, in dem einfach alles stimmte und die Zeit stehen zu bleiben schien.

Mein gut zwanzigseitiges Original-Typoskript, ein nachhaltiges Produkt aus der freien Natur, hergestellt fast ohne CO_2-Ausstoß, habe ich über all die Jahre aufbewahrt. Es trug den Titel *Zur Kritik des Neuen Realismus* und war eine scharfe Abrechnung mit allem, was man »linken Reformismus« nennen könnte, die endgültige Abkehr von der Revolution, das Ende der Utopie. Wie so viele vor und nach mir drückte ich meine politischen Bauchschmerzen in einer ebenso expressiven wie abstrakten Sprache aus:

»Der Grund meiner relativen Erregung ist wahrscheinlich, dass alles mir Befremdliche noch Teile meiner Geschichte in sich trägt, wenig bei den *Grünen,* viel mehr bei den Linksradikalen der jüngsten Vergangenheit. Also nicht Empörung über andere, die irgendetwas oder irgendwen verraten, sondern Betroffenheit über unsere Geschichte, die meine Geschichte ist, unser Scheitern, das mein Scheitern ist, unsere Verzweiflung, die meine Verzweiflung ist.«

Biografisch und historisch war es der Augenblick des Übergangs vom Linksradikalismus zum Parlamentarismus, von der Sponti-Anarchie zur repräsentativen Demokratie. Mag sein, dass ich den Abschiedsschmerz nur im körperlichen Naturzustand ertragen konnte – und mitten in einer Landschaft, die nun wirklich nichts mit den Auseinandersetzungen in der

Frankfurter Sponti-Szene zu tun hatte. Doch seltsame Dialektik – gerade im paradiesischen Urzustand auf dem Felsen am Fluss unter südlicher Sonne stellte sich die Gretchenfrage der in die Jahre gekommenen Revolte in ebenso schattenloser Mittagshitze wie unerbittlicher Klarheit: Sollte man weiter strikt außerparlamentarisch agieren und sich auf diese Weise »treu« bleiben oder den Schritt hinein wagen – erst in die *Grünen*, dann ins Parlament und schließlich in jene bürgerliche Gesellschaft, die man eben noch unversöhnlich bekämpft hatte? Und als wollte uns die Geschichte gerade in dieser dramatischen Situation noch rasch eine lange Nase drehen, wurde wenige Tage zuvor Helmut Kohl im Bonner Bundestag zum Kanzler der Bundesrepublik Deutschland gewählt. Nun kam einfach alles zusammen!

Volker hatte derweil andere Sorgen. Mit einem selbst gebastelten Gerät, letztlich mit seinen bloßen Händen versuchte er, Aale zu fangen. Ich konnte kaum glauben, dass es ihm gelingen würde, diese glitschigen und auch ein wenig ekligen Schlangenfische in die Finger zu kriegen. Aber der Fluss war voll von ihnen, und tatsächlich hatte er nach einiger Zeit ein paar im Netz. Am Abend staunte ich noch mehr, als ich sah, dass er sie auch fachgerecht häuten, zerlegen und übers Feuer hängen konnte. Die Natur rückte uns noch ein Stückchen näher, wozu gewiss auch der Rotwein der Region beitrug, den wir bei einem Winzer in der Nähe abzapften. Über uns die Sterne, in uns die Wärme – ein magischer Moment.

Fast hätte man glauben können, unsere idealisierte Naturbetrachtung wie zu Zeiten der deutschen Romantik sei eine Art Utopie-Ersatz – ein Ausscheren aus der Unerbittlichkeit der Geschichte, die nur zu oft blind voranstürmt und dabei jede Menge Träume unter sich begräbt. Es ist eine sehr alte

Vorstellung, dieses stille Glück im Winkel, aber ich muss zugeben, dass sie mich auch heute dann und wann befällt. Damals tauchten wir freilich nach zwei- oder dreiwöchiger Auszeit wieder ein in den politischen Trubel des progressiven Alltags.

Jetzt ist es nur der ganz normale Arbeitsalltag ohne jedes transzendente, gar aufrührerische Attribut, der uns wieder gefangen nimmt. Allenfalls das unentwegte Auf und Ab des globalen Medienlärms ist so etwas wie »*le Ersatz*« für das einstige Gefühl, mit Händen und Füßen im brausenden Weltgeschehen zu stehen. Heute heißt es »cool sein und nach geilen Geräten grapschen«, schreibt der Autor Frank Böckelmann in dem Bildband des *King Kong Kunstkabinetts* unter dem Titel *Diskrete Subversion*. »Die *Sensationskultur des Gewöhnlichen* strotzt von Appetizern und Menetekeln und ist gestopft voll mit Leuten, die bekunden: *Ja, ich will!* Wir stehen bis zum Hals in hochgekochten Themen und gesponserten Ereignissen. Alles ist vordringlich, sendet im Internet Notsignale aus und möchte von den Medien zurückgespiegelt werden.«

Mehr und mehr sorgt dieses permanente Medienrauschen jedoch für Abstumpfung und Gleichgültigkeit, während die Sehnsucht nach neuen, ruhigeren Gefilden irgendwo ganz weit weg von dem ewigen Getöse und Geblöke immer stärker wird. Es muss einen Grund haben, dass ich mich an die weithin unbeschwerten Tage am Gardon vor über dreißig Jahren noch so intensiv und plastisch erinnere. Vielleicht passiert das auch deshalb, weil sie Teil einer imaginären Zeit-Raum-Kapsel sind, die durch die Jahrzehnte hindurch frisch geblieben ist: *Paradise to go*. Ein Bild wie eingeschweißt. Man trägt es mit sich herum wie einen Talisman.

Vor vielen Jahren fuhr ich einmal auf dem Rückweg vom Urlaub in Süditalien durchs Trentino in Richtung Südtirol und spürte geradezu schmerzhaft den Drang, sofort die Autobahn zu verlassen, um unter den im roten Abendlicht glühenden Berggipfeln der Dolomiten den idealen Ort zu finden. »Warum bloß leben wir nicht hier?«, fragte ich meine Begleiterin. »Es ist doch verrückt, jetzt zurück nach Frankfurt-Bockenheim zu fahren.« Eine wirklich überzeugende Antwort fanden wir nicht. Sie steht bis heute aus.

Ein paar Freunde und Bekannte sind dieses Abenteuer tatsächlich eingegangen und haben sich entschlossen, ihren Lebensmittelpunkt in den Süden zu verlagern, irgendwo zwischen Provence und Toskana. Alternative Landkommunen mit der Idee einer autarken Subsistenzwirtschaft aus Ziegenaufzucht, Gemüseanbau und eigener Olivenölherstellung gab es schon vorher, aber nun waren es eher individuelle Entscheidungen, mit der gesamten bürgerlichen Existenz an südeuropäische Sehnsuchtsorte zu ziehen.

Einer hat darüber sogar einen Roman geschrieben, der das Scheitern des Versuchs beschreibt, mit dem eigenen Leben in ein anderes umzuziehen und damit die Misshelligkeiten des bisherigen Daseins hinter sich zu lassen. Jenseits der klassischen Wahrheit, dass man sich und seine Probleme immer mitnimmt auf die große Reise, liegt die schmerzhafte Erfahrung, dass die praktische Einfügung in eine neue Wirklichkeit auch bei Sonne und in schönster Landschaft eine Herausforderung voller Hürden und Rückschläge ist. In diesem Fall sprach der Auswanderer sogar perfekt die Sprache seiner neuen Heimat, sah mit seinem dunklen Schnauzer aus wie ein zertifizierter Original-Franzose mit *Gauloise* im Mund und Baguette unterm Arm und restaurierte das verfallene Haus am Rande der Cevennen in harter Eigenarbeit. Dennoch fand er keinen wirklichen Zugang zu seiner dörflichen Nachbarschaft – und nicht nur deshalb, weil er in der einzigen Bar des Ortes nicht über französische Literatur plaudern konnte. So endete die Flucht aus den für ihn unerträglich gewordenen Verhältnissen in Deutschland in jener Einsamkeit, gegen die auch die wunderbarste Natur nicht hilft. Hoffnungen und Sehnsüchte sind das eine, Erfahrungen das andere.

Doch auch bei mir vollziehen sich seit einiger Zeit merkwürdige Veränderungen. Obwohl die Großstadt seit eh und je mein Zuhause ist und mir immer ein waches Interesse fürs Zeitgeschehen bleiben wird, bemerke ich einen neuen Drang zur Outdoor-Existenz, zum virtuellen Aussteigen, zum Rausgehen und Wegfahren. Manchmal auch zum Weghören und Wegsehen. Aus. Aus. Aus. Am Ende, so hofft man, werde der Seelenfrieden jener Natur locken, die nichts weiß von Pflegenotstand, Nahostkonflikt und griechischen Staatsanleihen, die so beliebt sind wie Keuchhusten und Bandscheibenvorfall.

Nein, *Landlust*, das Edelmagazin für die grüne Seelenwanderung einstiger Metropolenfans, habe ich nicht abonniert, und ich bin auch kein Anhänger des neo-urbanen »Guerilla-Gardenings«. Mit Topfpflanzen stehe ich auf Kriegsfuß und auch die gute alte Gartenlaube ist nichts für mich. Wenn schon raus aus allem, dann will ich auf die Alm, sehr weit oben, mit freiem Blick.

Ja, der Bergdoktor ruft, und ich bekenne offen, die gleichnamige Serie im *ZDF* zuweilen angeschaut zu haben, sogar mit einem gewissen Behagen. Allein die Landschaft am *Wilden Kaiser* rund um Ellmau in Tirol zieht mich in den Bann einer Schönheit, die nicht aufregt, sondern beruhigt und den Augen wohltut, als legte man eine nach Alpenwiesen duftende Kompresse aufs Gesicht. Muss ich mich deshalb schämen? Ist das womöglich schlimmer als der alte Retro-Kitsch aus den fünfziger Jahren, die gefürchteten »Heimatfilme« mit unvergänglichen Titeln wie *Der Förster aus dem Silberwald*, *Die Geierwally*, *Wo der Wildbach rauscht*, *Die Sennerin von St. Kathrein* und *Ewig singen die Wälder*? Damals mussten immerhin das »Dritte Reich«, Hitler und der Holocaust aus dem Kurzzeitgedächtnis verdrängt, Zerstörung, Hunger und Vertreibung vergessen werden.

Heute geht es nur um den ganz normalen Wahnsinn, den uns Petra Gerster und Matthias Fornoff Abend für Abend brühwarm servieren – derart seniorengerecht und verdauungsfreundlich allerdings, dass es auch schon wieder zum Fürchten ist. Aber was finde ich bloß an den immer gleichen Kamerafahrten durchs sattgrüne Alpental und wieder steil hinauf in die bewaldeten Berge, wo ein verirrter Wanderer sich die Haxen gebrochen hat und jetzt auf den Bergdoktor wartet, der sich binnen weniger Sekunden fachgerecht vom Heli der Bergrettung abseilen wird, um Erste Hilfe zu leisten?

Es stimmt, die dralle Alm-Zenzi von früher heißt heute Susanne und ist alleinerziehend – so, wie die Familienverhältnisse zwischen Herrgottseck und Kuhstall überhaupt immer mehr jenem chaotischen Patchwork ähneln, das drunten in der großen Stadt lange schon zum Normalfall geworden ist. Und selbst der unermüdlich heilende und Trost zusprechende Doktor hat Beziehungsprobleme. Er kriegt es irgendwie nicht auf die Reihe mit den Frauen – undenkbar bei Luis Trenker, der lieber in eine Gletscherspalte gefallen wäre als ein Beziehungsgespräch mit Leni Riefenstahl zu führen, mit der er 1929 an der Diavolezza hoch über dem Berninapass *Die weiße Hölle vom Piz Palü* gedreht hatte. Kurzum: Bin ich jetzt endgültig im verlogenen Kosmos der »Heile-Welt-Ästhetik« angekommen, in meinem eigenen Bergfilm? Almabtrieb, Klettersteig und Gemsensprung als Balsam für die geschundene Seele des ruhelosen Stadtneurotikers?

Meine Freundin jedenfalls schüttelt den Kopf über meine neuesten Anwandlungen. Kein Wunder. Sie entspannt lieber bei den alten Folgen von *Sex and the City*. Umso schlimmer findet sie, dass ich mir immer öfter auch Tierfilme aus der Reihe *Erlebnis Erde* ansehe, wobei mir der streunende Jaguar in Südamerika genauso lieb ist wie das scheue Rotwild im Thüringer Wald oder die abenteuerliche Wanderung kanadischer Wildlachse. Ja, ich bekenne: Blitzschnell verfalle ich dann in einen seltsamen Zustand aus behaglicher Weltabgewandtheit und spätkindlicher Aufmerksamkeit, eine jener kleinen Fluchten, die sogar zu Hause möglich sind, wenn man die Klippen des schlimmsten TV-Elends umschifft: Fern-Sehen im Wortsinn, imaginäres Weg-und-woanders-Sein wie damals, als die Mutter am Kinderbettchen aus *Grimms Märchen* vorlas.

Wenn ich etwa den Bildern eines ambitionierten Tierfilmers folge, der hinter den letzten Jaguaren Nordbrasiliens her ist, um ihre lautlose Jagd auf Krokodile und Fischotter aus nächster Nähe einzufangen, dann gerate ich in eine seltene Balance des Gemüts, bin gespannt und entspannt zugleich. Am Ende muss das Krokodil dran glauben, aber die tödliche Niederlage gegen den Jaguar, der übrigens auch Vegetarisches nicht grundsätzlich verschmäht, hat schon ihre phylogenetische Richtigkeit. Die Natur will es so, und eines Tages wird auch der Jaguar seinen Bezwinger finden.

Könnte es nicht sein, dass dieses Abschweifen in gänzlich andere Welten, weit weg von den immer gleichen Brennpunkten unseres Metropolenalltags, tatsächlich die Sinne öffnet für andere Denk- und Vorstellungsräume? Wäre es also möglich, dass meine virtuellen Ausflüge in exotische Gefilde ein paar neue Einsichten, gar eine neue Realitätstauglichkeit hervorbringen, die der wachsenden Unübersichtlichkeit einigermaßen Paroli bieten kann?

Manchmal reicht es schon, das eigene Land näher kennenzulernen, um die Exotik bislang unerforschten Terrains zu erleben. Im Frühjahr 2011 unternahm ich für eine längere Reportage eine knapp vierwöchige Reise mit dem Auto kreuz und quer durch Deutschland, immer nur der Nase nach. Was ich sah, war mir nah und fremd zugleich. Selbst Gegenden, in denen ich schon einmal gewesen war, kamen mir merkwürdig anders vor. Das Erstaunlichste aber: So grün hatte ich das Land zwischen Oder und Rhein nie erlebt. Sogar in jenen Gebieten unweit der einstigen Industriestandorte im Großraum Halle/Leipzig, wo zu DDR-Zeiten die Luft zum Schneiden war und die Wäsche binnen Stunden schwarz vor Dreck wurde, breiten sich fruchtbar-sanfte Landschaften aus – von den Weinhängen der Unstrut bis zum Kyffhäusergebirge. *Schwarze Pumpe*, das berüchtigte Gaskombinat mit volkseigener Lizenz zur Umweltverschmutzung einer ganzen Region – das war gestern.

Ich fuhr weiter durch Thüringen, vorbei an Goethes Weimar, Erfurt, Gotha und Eisenach, hoch oben die Wartburg, dann südwestlich durch die Rhön ins hessische Fulda: Ein einziges grünes Band, so kam es mir vor, sieht man von den Autobahnen und Bundesstraßen mit ihren Lastwagenkolonnen ab, den dröhnenden Mobilitätsadern des langjährigen Exportweltmeisters.

So hatte ich Deutschland noch nie gesehen, und nach dem kurzen Zwischenspiel im dichtbesiedelten Rhein-Main-Gebiet geriet ich schon wieder in Verwunderung über die beinahe ununterbrochene Abfolge immer neuer Landschaften aus Bergen und Tälern, Wäldern und Flüssen, von den schier unendlichen Schwingungen der Mosel über den kargen Hunsrück zum Pfälzer Wald, dessen südliches Ende ans sonnige Elsass grenzt, wohin man gleich hinter Bad Bergzabern praktisch wie von selbst gelangt.

Direkt gegenüber, auf der anderen Rheinseite, liegt der südbadische Kaiserstuhl, ein intensiv bewirtschafteter Garten Eden, in dem der Weißburgunder fließt und die Obstplantagen so viele Früchte liefern, dass die Destillen kaum nachkommen mit der Produktion des Hochprozentigen. Auch in Oberbayern, vom Allgäu bis Berchtesgaden und Königssee, fühlt man sich wie in einem ganz anderen Land als jener sorgenzerfurchten Problemzone, die uns Tag für Tag präsentiert wird. So normal, unaufgeregt und freundlich habe ich die neue alte Bundesrepublik kaum je erlebt, sehr weit weg vom Lärm der »Berliner Republik«. Und auch selten so schön. Eine ziemlich späte Erkenntnis. Doch wenn man herumfragt, hört man immer öfter, dieser oder jener sei ganz begeistert vom Erzgebirge oder Mainfranken, vom Hochsauerland, der Uckermark oder der Märkischen Schweiz. Romantische Entdeckungsreisen ins eigene Land: Exotischer Traumurlaub zu Hause.

Der Blick auf vermeintlich Vertrautes ändert sich freilich im Lauf der Zeit, und so empfand ich ausgerechnet das *Gemalte Haus* in Frankfurt-Sachsenhausen, ein über hundert Jahre altes Refugium alteingesessener Apfelweinherrlichkeit, plötzlich als weltläufigen Ort mit beinahe südeuropäischer Lebensfreude. Und das, obwohl er immer noch die schroffe Gemütlichkeit der fünfziger Jahre ausstrahlt, als die Damen noch Dauerwelle trugen, die Herren Hut und Stock und die Präambel des Bürgerlichen Gesetzbuchs unumstößlich war: *Draußen nur Kännchen!*

Das Rippchen mit Kraut saust wie seit unvordenklichen Zeiten im Handumdrehen auf den braunen, blank polierten Tisch – Wartezeit ist Lebenszeit, weiß der Hesse –, und auch der *Schoppe* geht hier in der ewig gültigen Bembel-Philosophie niemals aus, die dem Griechischen entlehnt ist: *Panta rhei*. Alles fließt. Was leer ist, wird vollgemacht. *Abä sischerlisch!*

Zu Zeiten, als wir bereits in jungen Jahren vom Vater in die hohe Kultur des *Handkäs' mit Musik* eingeweiht wurden und selbstverständlich mit einem entsetzten »Iiiiigittt!« reagierten, sah ich das alles noch kritisch. Später fand ich es nur noch spießig, grässlich uncool. Heute erkenne ich die tiefere Wahrheit der zen-buddhistischen Exerzitien zwischen Sauerkraut und warmer Leberwurst. Gerade durch ihre unausgesprochenen Riten und Traditionen, die auf fremde Völkerschaften durchaus irritierend wirken mögen, erreicht die wie von selbst entstehende Geselligkeit eine erstaunliche Stabilität und Selbstverständlichkeit – womöglich sogar echte »Nachhaltigkeit« im Sinne von Claudia Roth.

Unvergessen ist mir eine Szene, als ich im Mai 2011 – wenige Minuten, nachdem der Abstieg von *Eintracht Frankfurt* am letzten Spieltag der Fußball-Bundesliga besiegelt war – durch den wie zum Hohn sofort einsetzenden Regen ins *Gemalte Haus* eilte, um die Bitternis des Augenblicks wenigstens mit ein paar Leidensgenossen zu teilen. Doch was sah ich da, als ich in den Äppelwoi-Tempel eintrat: Eine wogende, lärmende, teils lachende Menge, die das tragische Ereignis offenbar schon heruntergespült hatte. »Abä unsä Torwadd had doch subber gehalde!«, sagte einer auf der Männertoilette. »Had leidä nix genützt!«, antwortete ein anderer. »Lebbe geht weidä!« – geradezu philosophisch erinnerte der dritte Mann an die gleichsam Nietzscheanische Weisheit des ehemaligen Eintracht-Trainers Dragoslav Stepanović und drückte beherzt den Spülknopf.

Ich war gerettet und fühlte mich wie zu Hause. Die Welt war fast schon wieder in Ordnung. Alles würde gut. Es ging hier nicht nur um Heimatgefühle, die von ganz unten aufstiegen wie der Dampf eines frisch servierten Rippchens – vor allem tröstete mich die beruhigende Umtriebigkeit der Leute, die sich nicht so leicht aus der Bahn werfen lassen, weder vom Abstieg ihres Fußballvereins noch vom Gewittersturm der ständig aktualisierten Hiobsbotschaften aus aller Welt.

Vielleicht liegt hier auch der Kern meiner merkwürdigen Anwandlungen: die Suche nach einem ruhenden Pol, nach einem Ort, an dem das nervöse Weltrauschen mal Pause hat und das größte Problem darin besteht, zwischen dem 4er-, 8er- oder 12er-Bembel zu entscheiden oder den richtigen Aufstieg zum Gamskogel zu finden. Schon seit Jahren bemerke ich die Tendenz, bewährte Urlaubsorte immer wieder aufzusuchen statt Neues zu erkunden. Einerseits zeigt sich hier ein erfahrungsgesättigtes Altersphänomen – man hat nach einigen Irrungen und Wirrungen für sich selbst herausgefunden, wo es am schönsten ist –, andererseits aber das drängende Bedürfnis nach dem idealen Rückzugsort, an dem etwas ganz Seltenes, Kostbares, Unwahrscheinliches möglich ist: Stillstand. Einfach mal nichts Neues. Pures Sein im Hier und Jetzt und Friede den Berghütten!

Jede kleine Veränderung nehme ich schon mit Stirnrunzeln wahr. Was, ein neues großes Ortsschild? Das alte war doch noch gut! Selbst notwendige Sanierungsarbeiten und praktische Verbesserungen in der vertrauten jahrhundertealten Dorfstraße verunsichern mich. Neuanstrich der Fassade, ein verbreiterter Gehweg, wärmeisolierende Doppelfenster:

Musste das sein? Und die beiden alten Damen in der *Chesa Marchetta* sollen einfach für immer da sein! Plötzlich möchte ich, dass alles so bleibt, wie es war, und das ist dann wirklich reaktionär, oder etwa nicht? Stillstand bedeutet Rückschritt. Das haben wir ein Leben lang gelernt. Darin sind sich sogar liberale Ökonomen und linke Gesellschaftskritiker einig. Es muss immer weitergehen, immer weiter und weiter. Aber wohin eigentlich genau?

Früher habe ich nie begriffen, warum sich irgendjemand, der halbwegs bei Verstand ist, freiwillig »konservativ« nennen wollte. Warum nicht gleich *rechtsradikal* oder *total deppert*?! Gewiss, in den zwanziger Jahren gab es Denker einer sogenannten *konservativen Revolution*, aber so richtig wussten sie auch nicht, was sie wollten. Das gilt übrigens auch für die versprengten *CDU*-Rebellen gegen Angela Merkels Kurs einer »neuen Mitte«, die seinerzeit schon Gerhard Schröder ins Visier genommen hatte. Sie polemisierten gegen den liberalen Zeitgeist im nach-revolutionär hedonistisch aufgewühlten Berlin der zwanziger Jahre, und irgendwie sollte alles bleiben wie unter Kaiser Wilhelm. Das neueste Automobil von *Horch* wollte man aber schon fahren und sich bei Gelegenheit mit dem modernsten Ozeandampfer nach New York einschiffen – der Untergang der *Titanic* war ja schon ein paar Jahre her.

Bin ich also konservativ, wenn ich mich immer wieder wie ein Kind freue, dass an unserem Lieblingsort im Oberengadin noch alles so ist wie im letzten Jahr und all die Jahre davor? Wenn ich mich fast darüber wundere, dass alles, Berge inklusive, noch an seinem Platz ist und der Blick durchs alpine Hochtal von Sils Maria nach Maloja kurz vorm Sonnenuntergang so traumhaft schön ist wie eh und je – trotz Mali-Krise, Bürgerkrieg in Syrien und Euro-Desaster?

Allerdings sind gerade die traditionsbewussten Schweizer unermüdliche Natur-Optimierer und passionierte Weltverbesserer, jedenfalls, wenn es um ihr engstes Lebensumfeld und den eigenen Kanton geht. Und so verschwindet auch das gemütliche, alte Café zugunsten luxuriöser Eigentumswohnungen, die sich nur reiche Russen leisten können oder Deutsche, die mit reichen Russen Geschäfte machen. Immerhin wird dafür gesorgt, dass der optische Gesamteindruck, das pittoreske Weichbild des Dorfes, erhalten bleibt. Schon das touristische Geschäftsinteresse gebietet diese sanfte Ausgestaltung des Fortschritts in Pastellfarben.

Andererseits bin ich dankbar für die Modernisierung der Seilbahnen und die perfekte Präparierung der Skipisten, die ohne die wenig umweltfreundlich röhrenden Pistenraupen gar nicht möglich wäre. Und ja, das vor Jahren unterirdisch angelegte Parkhaus hat zur Erhaltung des dörflichen Charakters mehr beigetragen als alles Lamento und alle moralischen Appelle. Genau hier liegt auch der vertrackte Grundwiderspruch des Gefühlskonservativismus. Er möchte die vertrauten Werte, die vermeintlich heile Welt des Althergebrachten, gegen die Herausforderungen der Gegenwart verteidigen – doch gerade dazu braucht es moderne, nicht nur technologisch intelligente Lösungen, die in die Zukunft weisen.

Beharrt man jedoch auf der puren Tradition, auf den überlieferten Verhältnissen, dann ist man erst recht machtlos gegen die rasanten Veränderungen der Gesellschaft, seien sie technischer, sozialer oder ökonomischer Natur. Das Beispiel des Massentourismus offenbart diese hinterhältige Dialektik am deutlichsten: Der romantische Ort des kollektiven Fernwehs wird von den Massen überrannt und verliert so genau jene Aura, die ihn erst attraktiv gemacht hat. Nur massive Eingriffe in die individuelle Freiheit, die an Schikane grenzen, können seinen Zauber einigermaßen vor dem restlosen Ausverkauf bewahren. Auch dann freilich ist die »Welt von gestern« nicht mehr zurückzuholen, über deren eigenartige Faszination Stefan Zweig schrieb, sie sei »das goldene Zeitalter der Sicherheit« gewesen, in dem alles seine Ordnung und seinen Platz gehabt habe. Das galt freilich allenfalls bis zum Beginn des Ersten Weltkriegs.

Es reicht ein kurzer Blick auf jene leicht vergilbten Bilder und Ansichtskarten, die den schläfrigen Hafenort oder das versteckte Bergdorf vor hundert Jahren zeigen, um die schmerzliche Wahrheit zu begreifen: Auch die ambitioniertesten Rettungsversuche sind noch Teil des Problems. Selbst in den autofreien historischen Zentren von Volterra, Lucca oder Siena mit ihrer überwältigenden Renaissance-Architektur dominiert die Atmosphäre eines ausstaffierten Freilichtmuseums, durch das die Besucher aus aller Welt stolpern wie durch ihr eigenes kleines Leben zu Hause – in Sandalen, kurzen Hosen und mit einer halbleeren Coladose in der Hand.

Am Ende läuft alles auf die eine Frage hinaus: Wie groß ist – falls es ihn überhaupt gibt – der positive Saldo des Fortschritts? Wie hoch sind seine Kosten? Was ist der Preis? Eine präzise Antwort scheint unmöglich, denn wer wollte – neben dem unbestreitbaren Wohlstandsgewinn in weiten Teilen der Welt – behaupten, das individuelle Wohlergehen, das subjektive Glücksempfinden und die Möglichkeiten zur Selbstverwirklichung hätten in gleichem Maße zugenommen?

Alle wissenschaftlichen Glücksstudien zusammen können die Frage letztlich nicht beantworten, denn dem enormen Zuwachs an Freiheit und Selbstbestimmung steht ein immer dichteres Geflecht aus neuen Zwängen, Abhängigkeiten und Beschränkungen gegenüber.

Auch die scheinbar grenzenlose Wahlfreiheit kann zum Fluch werden, und all die neuen virtuellen Möglichkeiten führen oft genug zur Entscheidungs- und Handlungsunfähigkeit – bis hin zum psychischen *Burn-out*, einer depressiven Lähmung der Willenskraft. Dann ist es passiert: Im Wirbel der Optionen ging das Gefühl für den Augenblick verloren. Vor lauter Angst, etwas zu verpassen, hat man zu leben vergessen.

Nicht zufällig ist der moderne Single der idealtypische Glücksritter und Unglücksrabe in einer Person. Er will alles und sucht deshalb stets nach dem perfekten Angebot. Er ist der freieste Mensch in der Geschichte, aber er weiß immer seltener, etwas damit anzufangen. Zu spät bemerkt manch einer, dass auch die beste Wahl immer den Verzicht auf andere Möglichkeiten bedeutet. Im Krankheitsfall ist sonst womöglich niemand da, der Wärmflasche, Sonntagszeitung und Hühnersuppe ans Bett bringen könnte.

So verschafft die bindungslose Freiheit dem Schwerstarbeiter am Lebensglück zuweilen auch schmerzhafte Augenblicke einer Einsamkeit, deren einziger Luxus in der Gewissheit besteht, anderen wenigstens nicht zur Last zu fallen, keine Verantwortung zu tragen außer für sich selbst. Der moderne Single, der, wie im Marx'schen Kommunismus vorgesehen, immer nach seinen Bedürfnissen leben muss, ist der Sisyphos einer Utopie, die er als Ein-Mann-Kommune vollstreckt – nun aber ohne jede Unterstützung durch eine große, gar »gesetzmäßige« Bewegung historischer Kräfte. »Muss ich jetzt schon wieder essen, was ich will?«, fragt da manch ein frühreif-emanzipiertes Kind ahnungsvoll seine fortschrittliche Mitte-Mutter. Ja, es muss.

Die derart individualisierte Strategie der Daseinsoptimierung ist allerdings nur die Speerspitze eines allgemeinen gesellschaftlichen Trends, dem sich immer weniger Menschen entziehen können. Ein Symbol dieser Lebenshaltung, die versucht, jede Art von Unwohlsein, Trauer oder Schmerz systematisch auszublenden oder umzudefinieren, ist der »Gefällt mir«-Button bei *Facebook*.

Wurde die Frohbotschaft der Schmerzfreiheit, etwa nach dem Zahnarztbesuch, einst aus dem Munde eines Kindes verkündet – »Mutti, Mutti, er hat gar nicht gebohrt!« –, so lautet die Parole des unverwüstlichen Wellness-Athleten am Berge *KaDeWe* heute: »Yep, ich hab' es mir verdient!« Hier ist das Ego König. Her mit dem gegrillten Hummer! Her mit den gebratenen Flugenten! »Hauptsache, ich werde geholfen!«, wie schon der Kabarettist Doktor Stratmann vor Jahren in zeitgemäßer Selbsterkenntnis vermerkte.

Und schrecklich, aber wahr: Nicht mal diese Form öffentlich dargebotener Selbstbezogenheit ist historisch neu. Der spanische Philosoph José Ortega y Gasset sah schon im Jahr 1930 den Typus des verwöhnten Kindes voraus, das »alles darf und zu nichts verpflichtet ist«. Ein Jahr später schrieb der deutsche Philosoph Karl Jaspers: »Das Individuum ist aufgelöst in Funktion. Das Menschsein wird reduziert auf das Allgemeine: auf Vitalität als leistungsfähige Körperlichkeit, auf die Trivialität des Genießens.«

Dass es Probleme geben könnte, die überhaupt nichts damit zu tun haben, ob irgendjemandem etwas gefällt oder nicht, spielt da keine Rolle mehr. Diese schleichende Infantilisierung der Gesellschaft, die mit objektiven Widersprüchen oder Unvereinbarkeiten gar nicht mehr belästigt werden will, hat vor allem zwei Seiten: Die Kinder werden zu kleinen Erwachsenen erklärt, die die besten Freunde ihrer Eltern sind, und die Erwachsenen mutieren zu großen Kindern, die seelisch noch auf dem Abenteuerspielplatz ihrer Kindheit hocken und mit fünfundvierzig dem Modestil von Zwanzigjährigen nacheifern.

Cool oder uncool, lautet da die entscheidende Alternative, haben oder nicht haben, geil oder ungeil. Steigerung: »Megageil« bzw. »Hammer-ober-megageil« (Dieter Bohlen). Auffallend ist, wie schwer vielen eine pragmatische Bedürfnisaufschiebung fällt, differenziertes Urteilen und eine realistische Selbsteinschätzung – jene Dreifaltigkeit einer halbwegs rationalen Weltwahrnehmung, die man bisher mit dem Status des Erwachsenseins verband.

Dass dies auch politische Konsequenzen hat, sieht man an der praktischen Unmöglichkeit, bestimmte Garantieleistungen des Staates irgendwann einmal zurückzunehmen oder wenigstens zu reduzieren, zum Beispiel, wenn die Finanzen knapp werden und die Schulden überhandnehmen. »Versprochen ist versprochen!«, quengelt es dann wie aus Kindermund quer durch die Talkshow-Republik. »Sozialabbau« gehört neben dem Vorwurf des »Rassismus« zu den schlimmsten Handlungen, derer man hierzulande bezichtigt werden kann. So gesellt sich zu den, man glaubt es kaum: rund einhundertfünfzig unterschiedlichen familienpolitischen Sozialleistungen in der Bundesrepublik nun auch noch das sogenannte »Betreuungsgeld«.

Da die Möglichkeiten, dem absoluten und dauerhaften Unglück auszuweichen, in den letzten Jahrzehnten tatsächlich größer geworden sind, scheint sich die Auffassung immer mehr durchzusetzen, nicht nur die berufliche Karriere, sondern auch das Privatleben könne über weite Strecken geplant werden. Es ist kein Zufall, dass eine ganze Medienindustrie – von Ratgeberbüchern bis zu »gescripteten« Dokufiktion-Serien im Fernsehen – die Optimierung des individuellen Lebens verspricht.

Auch hier gibt es wieder zwei Seiten: Zum einen erscheint das »falsche«, jedenfalls schlechte Leben als bedauerliche Konsequenz einer fehlerhaften Glücksstrategie – als subjektive Schuld also, die es auszumerzen gilt. Andererseits degradieren diese pseudowissenschaftlichen Verbesserungsstrategien den Einzelnen zum Objekt psychologischer (Selbst-)Manipulation.

Hier der Allmachtsanspruch der professionellen Lebensoptimierung, dort die Ohnmacht des verunsicherten Individuums, dem es nicht gelingt, das eigene Leben in die Hand zu nehmen, und sei es nur, um endlich einen passenden Freund oder eine Freundin zu finden. Doch nicht einmal die erfolgreiche Doku-Soap *Bauer sucht Frau* bietet eine Erfolgsgarantie bei Anbahnungsversuchen im weiten ländlichen Raum – vom Dickicht der Städte zu schweigen, wo die Partnersuche dem Parcours eines endlosen kafkaesken Irrgartens gleicht, der mitten im Schlaraffenland tausendfacher Möglichkeiten liegt. Die aber scheinen wie hinter Glas zu schweben, ganz nah und ganz fern.

Es ist dieser offenkundige Widerspruch des Mangels im Überfluss, des Scheiterns angesichts all der Chancen, der mich beschäftigt. Wie soll man sich entscheiden? Was ist richtig, was falsch? Wo ist der beste Platz, um die letzten übrig gebliebenen Träume zu verwirklichen? Was soll man noch wagen? Schon das kleine Paradiesgärtlein am Fluss in Südfrankreich 1982 funktionierte ja wie eine fragile Insel im täglichen Mahlstrom, auch wenn es damals noch einen rosaroten Horizont zu geben schien. Am Ende blieben vor allem die Erinnerungsreste jener seligen Zeit, da man tatsächlich noch alles für möglich hielt.

So entsteht auch das eigenartige Phänomen, dass man selbst traurige Momente des eigenen Daseins als kostbare Lebenserfahrung im Gedächtnis aufbewahrt, weil in ihnen noch der neurologische Botenstoff schlummert, der von besseren Zeiten kündet. »Wenn die Nacht am tiefsten ist, ist der Tag am nächsten« sang Rio Reiser einst mit *Ton, Steine, Scherben*. Meist kam es dann anders, aber die Erinnerung an die Hoffnung blieb bestehen und wärmte die Seele.

Verwirklicht hat sich seit diesen Tagen allenfalls ein Bruchteil der Ideen eines glücklichen Lebens. Tröstlich immerhin, dass man ihre drängende Unbedingtheit von einst schon fast vergessen hat und der Verlustschmerz sich so in Grenzen hält. Nur manchmal, merkwürdigerweise beim sonntäglichen Läuten der Kirchenglocken, ergreift mich ein sonderbares Gefühl, so als ob etwas von ganz früher herüberwehte in die Gegenwart, dann aber weiterzöge in eine unnennbare Zukunft.

Dort irgendwo könnte jener sagenhafte Ort liegen, von dem Ernst Bloch in seinem Hauptwerk *Das Prinzip Hoffnung* behauptete, dass in ihm – jenseits der »Entfremdung« des Menschen von sich selbst – etwas entstehe, »das allen in die Kindheit scheint und worin noch niemand war: Heimat«. Diese Heimat freilich hat nichts mit der heimischen Ackerscholle im Landkreis Wetterau oder der gemütlichen Eckkneipe in Wanne-Eickel zu tun, im Gegenteil: In ihr würde die ganze Menschheit gemeinsam ihre Freiheit feiern, das Glück eines selbstbestimmten Lebens.

Dieses Bild hat mich seit der Jugend durch mein Leben begleitet, auch wenn es nicht frei vom Kitsch einer Utopie-Vorstellung ist, deren Fluchtpunkt trotz aller philosophisch-literarischer Denkanstrengungen eine quasi-religiöse Dimension offenbart: die Erlösung von dem Übel.

Seitdem ich nicht mehr an die Rückkehr ins Paradies glaube, ist mir die besondere Form der Altersvergesslichkeit durchaus willkommen. Man kann sie auch eine Art retrospektiver Fantasielosigkeit nennen, die mit akuten geschichtsphilosophischen Ermüdungserscheinungen korrespondiert. So kommt es, dass sich meine verbliebenen Vorstellungen vom glücklichen Leben im Normalbetrieb des Alltags der äußerst sparsamen Definition von Arthur Schopenhauer annähern, der im frühen 19. Jahrhundert schrieb: »Kommt zu einem schmerzlosen Zustand noch die Abwesenheit von Langeweile, so ist das irdische Glück im Wesentlichen erreicht: Denn das Übrige ist Chimäre.« Eine Illusion also.

Auch Friedrich Nietzsche, der »das Rascheln einer Eidechse« schon für einen großen Moment hielt, blieb skeptisch, und der Vater der Psychoanalyse, Sigmund Freud, versetzte jeder trunkenen Lebensschwärmerei den theoretischen Todesstoß: »Die Absicht, dass der Mensch *glücklich* sei, ist im Plan der *Schöpfung* nicht enthalten.« Aber Nietzsche hatte ja schon in seinem *Zarathustra* die Epoche des »letzten Menschen« vorausgesagt, »die Zeit, wo der Mensch nicht mehr den Pfeil seiner Sehnsucht über den Menschen hinauswirft«, sondern auf der »klein gewordenen Erde« nur noch herum »hüpft« und so endgültig »alles klein macht«. Ein Wurm in Menschengestalt, eine Kreatur am Gängelband anonymer Mächte, die nicht mehr weiß, woher sie kommt, was sie will und wohin sie geht.

Bleibt also nur die Flucht aus dieser Welt, hinaus auf die Alm, gegebenenfalls mit dem iPhone 5 in der Tasche? Ist irgendwo dort vielleicht noch der Ort, den Pfeil der Sehnsucht vom Berge zu schleudern, weit hinaus über die eigene kleine Existenz ins nächste grüne Hochtal, per aspera ad astra, durch alle Mühen hindurch zu den Sternen? Vielleicht ist es ja kein Zufall, dass ausgerechnet im 1800 Meter hoch gelegenen Sils Maria, in dessen Umgebung ich seit zwanzig Jahren im Winter die Pisten unsicher mache, Friedrich Nietzsche zwischen 1881 und 1888 regelmäßig seinen Sommer verbrachte, nach Surlei, Silvaplana und ins Fextal spazierte und große Teile seines *Zarathustra* niederschrieb. Darunter ist auch dieses herrliche Gedicht, das auf einem Felsen der Halbinsel Chasté eingraviert wurde:

O Mensch! Gib acht!
Was spricht, die tiefe Mitternacht?
»Ich schlief, ich schlief –,
Aus tiefem Traum bin ich erwacht: –
Die Welt ist tief,
Und tiefer als der Tag gedacht.
Tief ist ihr Weh –,
Lust – tiefer noch als Herzeleid:
Weh spricht: Vergeh!
Doch alle Lust will Ewigkeit –,
– Will tiefe, tiefe Ewigkeit!«

Fast ein Gebet des großen Gott-Verneiners, dunkel und hell zugleich. Ich habe mir stets nur die letzten beiden Zeilen einprägen können, womöglich auch deshalb, weil in ihnen vom Flug des Sehnsuchtspfeils die Rede ist, der niemals enden will. Doch alle Lust will Ewigkeit, will tiefe, tiefe Ewigkeit. Und tatsächlich, wenn man bei minus fünfzehn Grad im silbernen Strahl der Engadiner Sonne vor dem Felsen am Wasser des Silser Sees steht, dann ist nichts weiter entfernt als die tiefe Mitternacht, Weh und Herzeleid.

Im Gegenteil: Das Leben scheint überhaupt nur hier dauerhaft möglich, sinnvoll und glücklich zu sein, auch wenn der Typus des »Übermenschen«, das Nietzscheanische Kraftpaket des reinen Willens, sich in dieser traumhaften Umgebung eindeutig in der Unterzahl befindet. Gelegentlich sieht man Jürgen Habermas durchs schneeweiß glänzende Gelände stapfen, im kritischen Diskurs mit seiner Frau, versteht sich. In früheren Jahren lief auch Marion Gräfin Dönhoff durch den Ort, mit der druckfrischen ZEIT unterm Arm.

Mir selbst liegt sowieso viel mehr der eher undramatische Rückzug in Gefilde, in denen die Welt nicht gar so »tief« sein muss, um auf gute, lebensbejahende Gedanken zu kommen. Auch Heinrich Heine formulierte zu Beginn seiner Harzreise im Jahr 1824 seinen Appell Rousseau'scher Zivilisationsverdrossenheit noch mit der heiter beschwingten Feder der ausgehenden deutschen Romantik:

Auf die Berge will ich steigen,
wo die frommen Hütten stehen,
Wo die Brust sich frei erschließet,
Und die freien Lüfte wehen ...
Lebet wohl, Ihr glatten Säle,
Glatte Herren! Glatte Frauen!
Auf die Berge will ich steigen,
Lachend auf euch niederschauen.

Auch wenn es nur der Brocken war, den Heine bezwang, während er »schwellende Moosbänke« am Wegesrand bewunderte, eines steht fest: Schon vor zweihundert Jahren traf der Lockruf der Natur auf gequälte Seelen, die des irren irdischen Treibens überdrüssig waren. Und es fällt nicht schwer, noch viel weiter zurückzugehen, um Menschen zu finden, die ebenfalls im schmerzhaften Zwiespalt mit ihrer Gesellschaft lebten und einen rettenden Ausweg suchten – unter ihnen Diogenes in der Tonne (etwa 399 bis 323 v. Chr.), der die Bedürfnislosigkeit als Grundlage eines »guten Lebens« predigte und überzeugt war, die Natur habe dem Menschen alles gegeben, was er braucht. Auch Seneca der Jüngere (1 v. Chr. bis 65 n. Chr.), der versuchte, den römischen Kaiser Nero schon in frühen Jahren zu einem vernünftigen Menschen zu erziehen, ließ sich regelmäßig zu einer besonders tiefen Stelle des Mittelmeeres rudern, wo er mit Wonne ins kalte Wasser stieg. Ein Spätwerk trug den programmatischen Titel *Über die Muße*, in dem es unter anderem um die Frage ging, ob ein Leben ohne Politik möglich sei.

Ich bin da nur ein lächerlicher Nachzügler, ein Zwerg auf den Schultern von Riesen. Selbst unsere Ahnen also, die von Johannes B. Kerner, Kai Pflaume und Uli aus Deppendorf noch gar nichts wissen konnten und den Europaabgeordneten der *FDP*, Dr. phil. ade Jorgo Chatzimarkakis, allenfalls als dritten stellvertretenden Praktikanten des Tempelwächters von Delphi eingestellt hätten, kannten schon das zehrende Leiden am aufdringlichen Mitmenschen und seinen schamlosen Umtrieben.

Dennoch wird mein Dasein allein durch philosophische Selbstbescheidung, erprobt im Wandel der Jahrtausende, nicht wirklich frei, und die Idee, vom Brocken aus lachend auf das Gezerre und Geschiebe in Sachsen-Anhalt herunterzuschauen, vermag mir auch nur kurzzeitig Linderung zu verschaffen.

Nein, ich will auf die Alm. Aber ich weiß nicht, wie ich es anstellen soll. In den einschlägigen Fernsehfilmen mit prächtiger Alpenkulisse übernimmt der aus Hamburg angereiste Sohn, meist ein erfolgreicher Werbemanager mit Porsche und gegelter Guttenberg-Frisur, entweder das Hotel des Vaters, bevor es in die Hände skrupelloser Spekulanten aus Dubai fällt, die es abreißen und an seiner Stelle eine riesige Luxusklinik für reiche Araber und ihre übergewichtigen Frauen errichten wollen – oder er lernt die wunderbare Tochter des Kuhalmwirts hoch über dem Tiroler Stubaital kennen, die ihn jedoch vor die Wahl stellt, da zu bleiben oder für immer zu gehen.

Meine, zugegeben, völlig unausgegorenen Vorstellungen ranken sich um ein Leben, das viel weniger am Schreibtisch und in den verglasten Räumen der globaldigitalen Kommunikation stattfände, dafür umso mehr in der greif- und sichtbaren Natur, die selbst dann einen Horizont zu bieten hat, wenn es metaphysisch gerade nicht so rund läuft und ein Tag so zäh scheint wie der andere. Weite, Höhe, Größe: Was in der modernen Massengesellschaft der Klicks und Tweets entweder verschwunden oder zum hohlen Emblem einer größenwahnsinnigen Renommier- und Rekordsucht geworden ist – in den Bergen oder am Meer wird es zur schlichten, staunenswerten Realität.

Der altertümliche Begriff des *Erhabenen* passt hier recht genau: Ein großartiger Anblick, der das Gemüt berührt, wie schon Kant meinte, der allerdings sein ganzes Leben im gipfellosen preußischen Königsberg verbrachte, atemberaubende Schönheit, die eine innerliche Bewegung auslöst, die bukolische Idylle, in der man am liebsten selbst ein grasendes Schaf wäre und des Mittags in der Sonne läge, ohne sich um die Klimaerwärmung zu sorgen. Mit weitem Blick, dennoch geborgen und aufgehoben im unergründlichen Plan der Schöpfung; frei und trotzdem in einer überschaubaren Umgebung, die die Sinne entspannt, statt sie zu zerreißen. Die Abläufe des Tages, der Monate und Jahre wiederholen sich, aber jeder erlebte Moment hat in sich etwas Intensives, Bewahrenswertes.

Zwar bin ich alles andere als der geborene Alm-Öhi mit Filzhut, der die Bergziegen mit dem krummen Holzstock zusammentreibt, aber wenn ich schon da oben bin, will ich auch was tun und nicht einfach nur den Laptop auf dem groben Holztisch vor der Hütte aufklappen, um die nächste Kolumne für die *Zillertaler Heimatstimme* zu schreiben. Warnungen von Freunden, die pausenlos bimmelnden Kuhglocken würden mir rasch noch mehr auf die Nerven gehen als die marodierenden Straßenmusikanten im Prenzlauer Berg, gehen fehl. Es kommt auf den Kontext an: wer wie wo was und warum? Wenn die Sozialpädagogen unten in der Stadt behaupten, Kinderlärm sei Zukunftsmusik, dann sage ich: Das Gebrüll des Rindviehs ist die Symphonie der Berge.

Schon immer hat mich ein rauschender Bergbach, ein Wasserfall oder das Knacken von alten Bäumen, die sich im Wind wiegen, gleichermaßen erfreut und beruhigt. Mehr Gefahr droht da schon von kreischenden Motorsägen, brummenden Pumpen, sirrenden Transportliften und anderem neumodischem Teufelszeug, das der Stadtflüchtling hoch oben nun gar nicht gebrauchen kann, sucht er doch die ursprüngliche Einsamkeit der Bergwelt, in der die Geierwally dem Huber-Sepp »Gute Nacht« sagt, bevor die Petroleumlampe gelöscht wird.

Mein Tag auf der Alm würde mit einem Frühstück auf der Terrasse beginnen, die etwa so aussähe wie jene der Schneidalm über Pfelders in Südtirol in 2160 Metern Höhe. Herrlicher Ausblick ins Tal, links die auch im Sommer schneebestäubten Dreitausender, das Summen der Bienen, die über den steil abfallenden Wildblumenwiesen kreisen – ein Augenblicksgefühl der Unsterblichkeit.

Da niemand die Zeitung hochbringt und das Smartphone Empfangsschwierigkeiten hat, geht es gleich an die Arbeit. Gastzimmer putzen, Holz für den Kamin hacken, die Hühner füttern und nach Willy, dem Ziegenbock schauen. Er fühlt sich einsam, seit Hilde weg ist. Ja, auch Tiere haben Gefühle. Es ist kurz nach neun, und ich unternehme meinen allmorgendlichen Gang ein paar hundert Höhenmeter weiter hinauf. Nach einer knappen Stunde sitze ich auf meinem Luis-Trenker-Gedächtnis-Felsen und habe sie alle im Blick: den *Granatenkogel* und den *Hohen First*, die *Liebener Spitze* und, ganz hinten, den *Seekofel*.

Ich bin allein und genieße den fantastischen Ausblick und die Stille um mich herum. Das ist der Augenblick, den ich mir immer erträumt habe. Natur, Schönheit, Ruhe und sonst nichts. Alles schwebt, ist federleicht. So könnte es für immer bleiben. Der alte Menschheitstraum. Alle Lust will Ewigkeit, tiefe, tiefe Ewigkeit.

Doch dann bricht das Unheil herein, wie immer völlig unerwartet. Eine schwäbische Wandergruppe schnauft in einer lärmenden Klangwolke heran und lässt sich wenige Meter von mir entfernt ins Gras fallen. Im Handumdrehen entsteht eine Art *Occupy-Granatenkogel*-Camp aus Decken, Rucksäcken und Stöcken, eine Schwabenfestung, in deren Mitte sich Wurstsalat, gekochter Schinken, Käse und jede Menge Laugenbrezel türmen. Thermoskannen werden ausgepackt, Korken knallen, Gläser scheppern. Unfassbar, selbst eine Flasche *Trollinger* haben sie mit hochgeschleppt. Besonders spitzes Geschrei kommt von einer älteren rothaarigen Dame, die offenbar ganzjährig in Karnevalsstimmung ist und ihre besten Anekdoten aus mindestens sechs Lebensjahrzehnten im Minutentakt preisgibt.

»Gell, mir störed Sie jetztle ganz arg!«, ruft der Leitschwabe mir lachend zu, und ich weiß nicht, ob ich seine Ehrlichkeit mehr bewundern soll als seine Unverfrorenheit. »Ha noi!«, hätte ich ihm antworten können, »so isch's na au wieder net!«

Rudimentäre Dialektkenntnisse aus der Zeit meines Grundwehrdienstes bei der Bundeswehr in der ostschwäbischen Tundra sind noch vorhanden, doch mein entsetzlicher Widerwille gegen die skrupellosen Eindringlinge schnürt mir die Kehle zu.

Wie alle Gruppen ab vier Personen bildet auch diese Spätzle-Gemeinschaft am Berg eine terroristische Vereinigung, die im Umkreis von mehreren hundert Metern alles übrige Leben zum Erliegen bringt – selbst Baumpieper, Alpensegler und Gebirgsstelze schweigen plötzlich. Kein friedliches Gezirpe mehr, nur noch das grobschlächtige und lautstarke Geschnatter einer Senioren-Schwadron, deren Rente so sicher ist wie die Kehrwoche in Bad Urach.

Ich kapituliere vor der ruchlosen Übermacht des Feindes und fliehe. Es ist kurz vor zwölf, als ich bei der Alm anlange, und kaum habe ich die ersten Sonnenschirme aufgespannt, sind schon die ersten Gäste da, ältere Bergwanderer, die noch wissen, dass der steile Aufstieg in glühender Mittagshitze eine überflüssige Qual ist. Speckknödel, frische Pfifferlinge und die Zutaten für den Kaiserschmarrn liegen bereit, und wer die verschwitzten und ausgehungerten Kraxler kennt, der weiß, dass es schnell gehen muss. Draußen in der Sonne wird es schon sehr warm.

Zehn Minuten später serviere ich den ersten Teller Speckknödel draußen auf der Terrasse – und zucke zusammen. Das kann nicht wahr sein. Ein Schock. Ein Alptraum. Ich mag es kaum glauben, aber plötzlich sitzt dort am Nebentisch der Zopfhansel. Ja, genau der Zopfhansel vom Italiener in Berlin, der mich so genervt hatte. Auch jetzt doziert er wieder über alles Mögliche, nicht zuletzt über die Klimakatastrophe unter besonderer Berücksichtigung der Ötztaler Alpen, während kleine Schweißtröpfchen unterhalb seines postrebellischen Resthaarschwänzchens den Hals herunterrinnen.

Kann das wahr sein? Wie hat es dieser kiffende Knilch überhaupt bis hier oben geschafft, ohne Gehhilfe, Rotkreuz-Hubschrauber oder Lift? Welcher Fluch verfolgt mich bis hierher? Von einer Sekunde auf die andere ist der Zauber der Berge wie weggeweht. Nichts mehr mit Kontemplation und Rückzug in die Natur. Aus und vorbei. Der letzte kleine Lebenstraum – zerstoben.

Es war also doch wahr, und es würde immer so sein: Man kann die Welt nicht verlassen. Sie kommt einfach hinterher, *wherever you are*. Vergiss den Kaiserschmarrn mit lebenslangem Panoramablick. »Le bonheur n'est qu'un rêve, et la douleur est réelle«, wusste schon Voltaire, einer der großen französischen Aufklärer und sonst kein Kind von Traurigkeit. Das Glück ist nichts als ein Traum, nur der Schmerz ist real.

Schöne Aussichten. Damit ist der progressive Alltag wohl endgültig erledigt.

Doch wie ein Blitz trifft mich ein Gedanke: Letztlich hält mich ja doch der Widerspruch am Leben. Die Aufregung. Der Trubel. Der ständige Protest gegen Dummheit und Unverschämtheit. Und das Gefühl, die Welt mit alldem nicht allein lassen zu dürfen. Sagen wir es so: Der Kampf muss weitergehen. Irgendwie.

Und im Sommer fahren wir ans Meer.

Nachwort
Wir Reaktionäre

Es stimmt: Wer mit 20 kein Kommunist oder wenigstens Sozialist ist, der hat kein Herz. Wer es mit 40 noch immer ist, der hat keinen Verstand.

In diesem Sinn kann Reinhard Mohrs Frage »Bin ich jetzt reaktionär?«, die sich ohnehin rhetorisch anhört, nur mit einem fröhlichen, kräftigen, resoluten »Ja!« beantwortet werden. Ja, Reinhard, alter Freund und Weggenosse, du bist reaktionär. Und das ist gut so.

Als ich noch von der Richtigkeit der klassenlosen Gesellschaft überzeugt war und daran glaubte, der Weg dahin führe über die Diktatur des Proletariats, als das Adjektiv »bürgerlich« ein Schimpfwort war, das nur durch »kleinbürgerlich« getoppt werden konnte, als Reinhard Röhrenjeans trug und ich mir die Haare bis zur Hüfte wachsen ließ, um wie Frank Zappa auszusehen, da bedeutete »reaktionär« so viel wie »rückwärts gewandt«. Reaktionäre waren Menschen, die das Ergebnis des Zweiten Weltkrieges revidieren und Schlesien wieder eindeutschen wollten; die DDR in Anführungszeichen sprachen und die Beatles für die Verkünder des Weltuntergangs hielten. Die keine Zeile von Wilhelm Reich gelesen hatten, dafür aber Ernst Jünger aus dem Gedächtnis rezitieren konnten. Es waren Menschen von gestern und vorgestern, mit denen wir nichts zu tun haben wollten, denn wir waren die Ritter des Heute, die das Morgen schon vorwegnahmen.

Heute hat »reaktionär« einen anderen Inhalt. Statt »reaktionär« könnte man auch »re-aktiv« sagen. Der moderne Reaktionär reagiert auf Zustände, die der bayerische Schriftsteller und Psychiater Oskar Panizza schon vor über 100 Jahren in dem Satz zusammengefasst hat: »Der Wahnsinn, wenn er epidemisch wird, heißt Vernunft.«

Denn das, was heute als Vernunft ausgegeben wird, ist der blanke Wahnsinn. Eine Energiewende, die über Nacht beschlossen wurde und nun auf Biegen und Brechen durchgesetzt werden soll. Politiker, die per Gesetz den Anstieg der globalen Temperatur begrenzen wollen, aber nicht in der Lage sind, einen Flughafen oder einen Bahnhof so zu planen, dass er auch innerhalb einer absehbaren Zeitspanne und eines überschaubaren Budgets gebaut werden kann. Eine größenwahnsinnige Bürokratie mit mehr als 45.000 Beamten, die sich von der Realität losgelöst hat und die Vereinigten Sowjet-Staaten von Europa auf dem Verordnungsweg etablieren will. Ein EU-Ratspräsident, dessen Namen niemand kennt, der dem ägyptischen Chef-Islamisten, nachdem dieser zum Präsidenten seines Landes gewählt wurde, fünf Milliarden Euro Beihilfe für den Aufbau einer Demokratie in Ägypten verspricht, was etwa so lustig ist, als würde er dem Medellìn-Kartell die Hilfe der EU im Kampf gegen den Drogenanbau und Handel anbieten.

Und – pars pro toto – ein deutscher Außenminister, der, ohne sein Gesicht zu einem Grinsen zu verziehen, im Namen der Bundesregierung erklärt, diese werde sich mit 50 Millionen Euro an einem Reha-Programm für die Taliban beteiligen. Damit sollte »reuigen Taliban eine Ausstiegschance« gegeben werden, vorausgesetzt, dass sie »der Gewalt und dem Terror abschwören, alle Kontakte zu Al-Qaida abbrechen und die afghanische Verfassung anerkennen«.

Worauf ich einen Brief an Guido Westerwelle schrieb und ihn auf einen Schwachpunkt seines Projekts aufmerksam machte: Vorsorge ist wichtiger als Nachsorge, statt Täter zu resozialisieren, müsste man dafür Sorge tragen, dass es gar nicht zur Täterschaft kommt. Das wäre einfacher und billiger. Und ich machte Herrn Westerwelle ein Angebot – ich würde von meiner Absicht, ein Taliban zu werden, Abstand nehmen, wenn er sich dafür erkenntlich zeigen würde:

»Meine Forderungen sind maßvoll: ein Reihenhäuschen in Hamburg-Blankenese, allerdings mit unverstelltem Elbblick, ein VW Passat Kombi mit je einem Satz Sommer- und Winterreifen, eine winterfeste Camping-Ausrüstung, eine Motoryacht von *Aguti*, eine Stereo-Anlage von *Bang & Olufsen*, ein iPod, ein iPhone und ein MacBook Air. Dazu eine Apanage von 2500 Euro monatlich, sozusagen als leistungsunabhängiges Grundeinkommen. Das hört sich nach viel an, ist es aber nicht. Überlegen Sie bitte, was Sie dafür bekommen: die Garantie, dass ich kein Taliban werde. Ich schwöre der Gewalt ab, noch bevor ich ihr zugeschworen habe!« Auf eine Antwort des Ministers warte ich noch immer.

In diesem Sinne bin ich ein Re-aktionär. Ich re-agiere auf den hanebüchenen Einfall eines Ministers, dessen Politik im Wesentlichen darin besteht, abzuwarten, wie sich die Dinge entwickeln, um schließlich entweder seiner Sorge oder seiner Genugtuung über das Ergebnis Ausdruck zu verleihen. Ich re-agiere auf die nicht enden wollenden Bemühungen, die DDR zu einer »kommoden Diktatur« (Grass) zu verklären. Zuletzt hat die Vorsitzende der Linkspartei, Katja Kipping, erklärt, die Menschen im Osten hätten es »einfach satt, dass ohne jede Ahnung vom Alltag in der DDR Urteile über ihr Leben gefällt werden«. In einem solchen Moment weiß ich nicht, was ich zuerst tun sollte: Meinen Soli-Beitrag zurückfordern oder Frau Kipping zurufen: »Dann mach doch rüber und fang wieder von vorne an, wenn es so schön war!« Ich re-agiere, wenn die ehemalige Menschenrechtsbeauftragte der Bundesregierung, Claudia Roth, am Rande der Münchner Sicherheitskonferenz ein fröhliches High Five mit dem iranischen Botschafter in Berlin austauscht und diese herzliche Geste hinterher damit erklärt, sie sei a) von dem Botschafter überrascht worden und habe es b) nur getan, damit die iranische Regierung einen Filmregisseur zur Berlinale reisen lässt. Ich kann nicht anders, ich muss re-agieren, wenn mir das Märchen von des *Kaisers neuen Kleidern* als der politischen Weisheit letzter Schluss vorgespielt wird.

So wie Reinhard auf das Geplauder von Petra Gerster und Marietta Slomka reagiert, die einer »Infantilisierung des Weltgeschehens« dienen, indem sie die Realität wie ein Märchen präsentieren, »das den großen und kleinen Kindern vorm Gutenachtkuss immer nur in verträglichen Dosen« zugemutet werden kann, weswegen sich sogar eine Nachricht von einer Massenpanik in Indien so anhört wie ein Bericht vom Opernball in Wien. Das sind Momente, in denen auch in mir der »Hausmeister« zum Leben erwacht, der mit einem eisernen Besen den öffentlich-rechtlichen Vorhof zum wahren Leben angehen möchte, ganz im Sinn der Berliner Stadtreinigung: »We kehr for you!«

Und ebenso wie Reinhard werde auch ich »immer intoleranter«. Ich will mir nicht vorschreiben lassen, welche Glühbirnen ich benutzen soll, und ich will nicht zur Zahlung eines »Rundfunkbeitrags« verurteilt werden, mit dem Sendungen finanziert werden, die ich nicht nur nicht sehen will, sondern die ich verbieten würde, wenn ich die Macht dazu hätte. Und während ich meine eigene Entmündigung und Infantilisierung erleide, höre ich, wie mir täglich gesagt wird, wir alle müssten »mehr Demokratie« wagen und dem »mündigen Bürger« zu seinem Recht verhelfen, indem wir ihn über das Rückgaberecht bei Produkten aufklären, die im Internet angeboten werden.

Unter solchen Umständen ein Re-aktionär zu sein ist ein Gebot des Anstands, der Vernunft und der Selbstachtung. Denn diese Neue Berliner Republik ist ein seltsames Land. Liberal und tolerant bis an den Rand der Selbstverleugnung, erstaunlich gut organisiert, bevölkert von fleißigen Menschen, die gern Steuern zahlen und allen Ernstes über ein bedingungsloses Grundeinkommen für alle Bürgerinnen und Bürger diskutieren. Einem Arbeitslosen im Jahre 2013 geht es materiell besser als einem Facharbeiter vor 30 Jahren. Die Starken stehen den Schwachen bei. Drei Bundesländer teilen ihre Überschüsse mit den übrigen dreizehn, die weniger gut wirtschaften. In Discount-Geschäften bekommt man Produkte, die zu der Zeit, als Willy Brandt noch Kanzler war, nur in exklusiven Feinkostläden besichtigt werden konnten. Immer weniger Menschen nehmen an Gottesdiensten teil, aber immer mehr glauben an die Klimakatastrophe. Der Himmel über dem Ruhrgebiet ist blau, im Osten blühen die Landschaften; Wohlstand wohin man schaut. Die Benzinpreise steigen, die Zahl der schweren SUVs auch. Wer sich keinen Urlaub an der Ostsee leisten kann, der fährt in die Karibik. Die beliebtesten Sportarten unter Jugendlichen sind Kampftrinken und Komasaufen. Im Jahr 2010 mussten bundesweit 26.000 Kinder und Jugendliche im Alter von zehn bis zwanzig Jahren volltrunken in eine Klinik eingeliefert werden. Dennoch steht »Kinderarmut« ganz oben auf der Liste der Missstände, die in den Talkshows verhandelt werden.

Familiäre Verwahrlosung wird zur Armut umdefiniert, damit Scharen von Armutsforschern und Sozialarbeitern ein

Problem erforschen und betreuen können, das ihnen eine Daseinsberechtigung und ein Auskommen nach dem Bundesangestelltentarif garantiert.

Am seltsamsten aber ist die Skandalökonomie des Landes. Die flapsige Bemerkung eines älteren Herren an eine junge Journalistin löst eine wochenlange Diskussion über »Sexismus« aus, derweil Frauenrechtlerinnen das Recht von Migrantinnen verteidigen, Kopftuch, Hijab und Burka tragen zu dürfen, solange das »freiwillig« passiert. Eine Ministerin, die sich in ihrem Amt bewährt hat, wird zum Rücktritt genötigt, nachdem ihr der Doktortitel aberkannt wurde, den sie vor über 30 Jahren gemacht hat, was so absurd ist, als würde der TÜV heute die Zulassungen für den VW Käfer, Baujahr 1980, widerrufen. Auf jedem Postamt wird man angehalten, auf Abstand und »Diskretion« zu achten, aber der Staat kauft gestohlene Datensätze an, die ihm von Hehlern angeboten werden. Doppelmoral? Nein, überhaupt keine Moral, keine Logik und keine Spur von einem gesellschaftlichen Bewusstsein, das in der Lage wäre, zwischen richtig und falsch, wichtig und unwichtig zu unterscheiden.

Anstatt die SED zu einer verbrecherischen Organisation zu erklären, wie es nach 1945 mit der NSDAP der Fall war, hat man es ihr erlaubt, sich zuerst als »Partei des demokratischen Sozialismus« neu zu erfinden, um dann unter dem Namen *Die Linke* die eigene Reinkarnation zu inszenieren – als Hüterin der Demokratie, Fürsprecherin der Armen und Ausgebeuteten, Gegenpol zu den bürgerlichen Parteien, die nur »Klientelpolitik« betreiben. Das alles unter der Führung eines wetterfühligen »Charismatikers«, über den der Immunitätsausschuss des Bundestages schon 1998 festgestellt hat, es sei »erwiesen«, dass er als »IM« für das Ministerium der Staatssicherheit der DDR gearbeitet habe. Doch dann dauerte es noch weitere 15 Jahre, bis die Immunität des Abgeordneten aufgehoben wurde, damit gegen ihn wegen einer mutmaßlich falschen Aussage an Eides statt ermittelt werden konnte. Was seine politischen Freunde wiederum als eine »Kampagne gegen die Ostdeutschen insgesamt« empfinden.

»Immer öfter bin ich nicht mehr meiner Meinung«, schreibt Reinhard Mohr. So geht es mir auch. Morgens sage ich mir: Sei nicht kleinlich, nicht nachtragend; sei tolerant, habe Nachsicht mit deinen Mitmenschen. Aber spätestens nach der *17-Uhr-Tagesschau*, in der ich über die neuesten Direktiven aus Brüssel informiert und darüber belehrt wurde, dass wir nicht nur »mehr Demokratie«, sondern auch »mehr Europa« wagen müssen, fange ich an, mir selbst zu misstrauen. Vor 30 Jahren habe ich mich mit der Frage beschäftigen müssen, ob ich Deutscher, Jude, jüdischer Deutscher oder Beutedeutscher mit polnischem Migrationshintergrund sein wollte. Diese Fragen haben sich inzwischen weitgehend erledigt. Jetzt geht es darum, ob ich eine europäische Identität entwickeln möchte, die mich von meinem Deutschsein und Judesein erlösen würde. Um mich herum lauter Berliner, Sachsen, Hessen, Bayern, Schwaben, Pfälzer, Rheinländer und Westfalen, die in einem atemberaubenden Tempo zu Europäern mutieren. Sie glauben, damit ihrer eigenen Geschichte entkommen zu können. Es sei »besser«, schreibt ein bekannter deutscher Kolumnist, »gemeinsam mit den Partnern das Falsche zu tun, als allein auf dem Richtigen zu beharren«.

Wenn das der Fortschritt ist, der im Zweifel links steht, dann bin ich lieber reaktionär.

Welcome to the club, Reinhard!

Henryk M. Broder, Berlin, im März 2013

Habe Mut, dich **deines** eigenen Verstandes zu bedienen!

Johano Strasser beleuchtet unsere gesellschaftsbedingten Ängste und tastet sie auf ihre Begründetheit ab. Sozialphilosophisch fundiert zeigt er, welche Wege uns aus der Angst führen. Die Lösung klingt rational und steht für Strassers hohe Sensibilität für das Thema: Habe Mut, dich deines eigenen Verstandes zu bedienen!

Johano Strasser
GESELLSCHAFT IN ANGST
Zwischen Sicherheitswahn und Freiheit
224 S. / geb. mit Schutzumschlag
ISBN 978-3-579-06640-0

GÜTERSLOHER VERLAGSHAUS

www.gtvh.de

Jungbrunnen Langeweile – Plädoyer **für einen Lebensstil der unangestrengten Askese**

Jungbrunnen Langeweile: Was wirklich hilft, seine Methusalem-Chancen auszubauen. Jörg Zittlaus Plädoyer für einen Lebensstil der unangestrengten Askese ist ein echter Alternativentwurf zur neurotischen Selbstüberschätzung und hektischen Betriebsamkeit unserer Zeit.

Jörg Zittlau
LANGWEILER LEBEN LÄNGER
Über die wahren Ursachen
eines langen Lebens
192 Seiten / geb. mit Schutzumschlag
ISBN 978-3-579-06647-9

GÜTERSLOHER
VERLAGSHAUS

www.gtvh.de